## AUTORE

**Francesco Mattesini**, nato ad Arezzo (Italia) il 14 aprile 1936. Trasferitosi a Roma nel luglio 1951, ha prestato servizio, come dipendente civile, allo Stato Maggiore dell'Esercito, 4° Reparto, dal 1959 al 2000. Collaboratore dell'Ufficio Storico della Marina Militare e dell'Ufficio Storico dell'Aeronautica, per i quali ha prodotto 20 libri e circa 60 saggi. Complessivamente Mattesini ha prodotto 50 libri e 200 saggi, nonché moltissimi articoli Attualmente, vedovo, é in pensione, abitando sempre a Roma.

**Francesco Mattesini,** *born in Arezzo (Italy) on April 14, 1936. He moved to Rome in July 1951 and he served, as civilian employee, at the Italian Army General Staff, 4th Department, from 1959 to 2000. Collaborator of the Historical Offices of the Italian Military Navy and the Air Force Historical Office, for which 20 books and about 60 essays were produced. He is currently retired, always living in Rome.*

## PUBLISHING'S NOTES

None of unpublished images or text of our book may be reproduced in any format without the expressed written permission of Luca Cristini Editore (already Soldiershop.com) when not indicate as marked with license creative commons 3.0 or 4.0. Luca Cristini Editore has made every reasonable effort to locate, contact and acknowledge rights holders and to correctly apply terms and conditions to Content.
Every effort has been made to trace the copyright of all the photographs. If there are unintentional omissions, please contact the publisher in writing at: info@soldiershop.com, who will correct all subsequent editions.
Our trademark: Luca Cristini Editore©, and the names of our series & brand: Soldiershop, Witness to war, Museum book, Bookmoon, Soldiers&Weapons, Battlefield, War in colour, Historical Biographies, Darwin's view, Fabula, Altrastoria, Italia Storica Ebook, Witness To History, Soldiers, Weapons & Uniforms, Storia etc. are herein © by Luca Cristini Editore.

## LICENSES COMMONS

This book may utilize part of material marked with license creative commons 3.0 or 4.0 (CC BY 4.0), (CC BY-ND 4.0), (CC BY-SA 4.0) or (CC0 1.0). We give appropriate attribution credit and indicate if change were made in the acknowledgments field. Our WTW books series utilize only fonts licensed under the SIL Open Font License or other free use license.

For a complete list of Soldiershop titles please contact Luca Cristini Editore on our website: www.soldiershop.com or www.cristinieditore.com. E-mail: info@soldiershop.com

Titolo: L'OPERAZIONE "MINCEMEAT" Code.: **WTW-045** di Francesco Mattesini.
ISBN code: 978-88-93279857 prima edizione giugno 2023
Lingua: Italiano. Dimensione: 177,8x254mm. Cover & Art Design: Luca S. Cristini

**WITNESS TO WAR (SOLDIERSHOP)** is a mark of Luca Cristini Editore, via Orio, 33/D - 24050 Zanica (BG) ITALY.

**WITNESS TO WAR**

# L'OPERAZIONE "MINCEMEAT"
## L'UOMO CHE NON E' MAI ESISTITO E LA MESSA IN SCENA CHE NON INGANNO' I TEDESCHI

PHOTOS & IMAGES FROM WORLD WARTIME ARCHIVES

FRANCESCO MATTESINI

BOOKS TO COLLECT

# INDICE

Introduzione .................................................................. Pag. 5

Capitolo 1 .................................................................... Pag. 7

Capitolo 2 .................................................................... Pag. 31

Capitolo 3 .................................................................... Pag. 37

Capitolo 4 .................................................................... Pag. 53

Capitolo 5 .................................................................... Pag. 63

Capitolo 6 .................................................................... Pag. 67

Documenti .................................................................. Pag. 73

Bibliografia ................................................................. Pag. 97

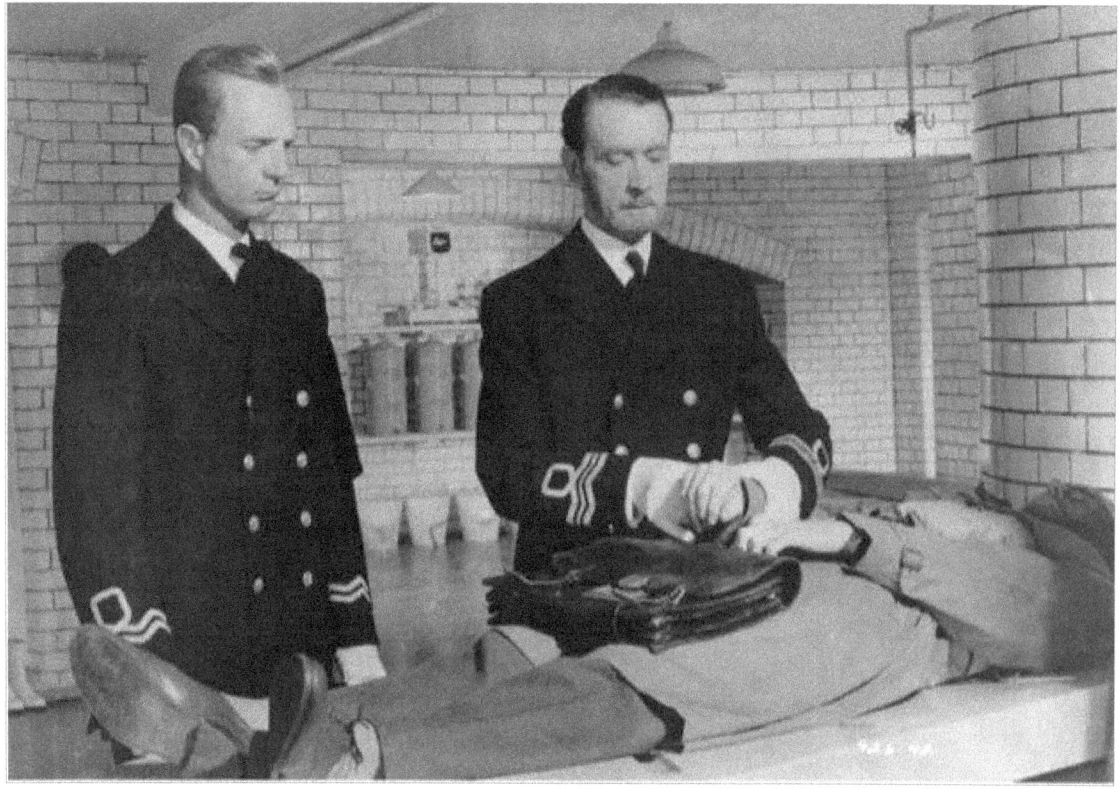

▲ Una scena dal film del 1956 "L'uomo che non è mai esistito" (*The Man Who Never Was*). Il cadavere ha fissato al polso, con una catenella, la cartella contenente i falsi documenti e gli effetti personali.

# INTRODUZIONE
## AMARE CONSIDERAZIONI DELL'AUTORE

L'idea di scrivere questo libro mi è venuta dopo aver seguito la trasmissione televisiva *Tagadà* (Canale 7) mandata in onda il pomeriggio dell'11 novembre 2021. In essa è stata fatta una lunga ricostruzione di un episodio famoso, che sarebbe stato determinante per agevolare lo sbarco degli anglo-americani in Sicilia il 10 luglio 1943, perché avrebbe messo i Comandi italiani e soprattutto tedeschi nella convinzione che lo sbarco sarebbe avvenuto in Grecia o in Sardegna. Nulla di più inesatto. È deplorevole il fatto che l'aver messo i tedeschi nella convinzione che non vi sarebbe stato sbarco in Sicilia, sia stato commentato da uno dei presentatori del programma con: *"Per fortuna"*.

A questo punto mi sono sentito offeso e immediatamente ho riportato nel forum AIDMEN (Associazione Italiana di Documentazione Marittima) quanto segue: Ma, *"Questi signori lo sanno che in quel momento gli italiani stavano combattendo per la difesa del suolo della Patria e che ci sono stati migliaia di morti?"* A questa considerazione è seguito un saggio postato nella mia pagina di *academia.edu*, riferendomi, per il titolo, al famoso film britannico del 1956 "L'uomo che non è mai esistito" (*The Man Who Never Was*), a cui è seguito nel 2022, dopo 55 anni, un nuovo film sullo stesso argomento, con il titolo "L'arma dell'inganno – Operazione Mincemeat".

Ritengo che la convinzione del tedesco nemico e invasore anche quando era un leale alleato, che per tre anni ha permesso alla povera e mal difesa Italia monarchica, con Governo fascista, di non crollare sotto l'attacco britannico, deriva dal fatto che politici ignoranti di Storia, se non prevenuti, hanno trovato dei discepoli, in particolare nel campo politico, altrettanto ignoranti della Storia, sostenendo che *"la liberazione dell'Italia e cominciata in Sicilia"*. Ossia, quindici giorni prima del 25 luglio 1943 e la caduta di Benito Mussolini e del Fascismo e dopo quasi due mesi dalla firma dell'armistizio dell'Italia con gli Alleati, e quindi della resa *"senza condizioni"* di Cassibile e della successiva dichiarazione armistiziale dell'8 settembre. In essa si annunciava per radio la notizia che l'Italia aveva firmato l'armistizio, di cui non si conoscevano le condizioni unilaterali imposte dagli Alleati, perché mantenute segrete nell'ambito della Corte, del Capo del Governo, maresciallo Pietro Badoglio, e dal generale Vittorio Ambrosio, Capo del *Comando Supremo*.

E dall'armistizio ebbe inizio il disastro nazionale, perché oltre a due eserciti stranieri avversari che si combattevano ferocemente nella penisola, gli anglo-americani per conquistare il terreno per avvicinarsi ai confini della Germania, i tedeschi per impedirlo, vi fu la disgraziata guerra civile che portò da entrambe le parte in conflitto, fascisti e antifascisti, per motivi ideologici e di potere, a migliaia di morti.

La firma dell'armistizio, infatti, non comportava per gli anglo-americani di accogliere l'Italia come alleata, ma soltanto come cobelligerante, e quindi, una formula ambigua, in cui l'Italia restava per gli anglo-americani ancora nemica, ma con la clausola che il suo comportamento in guerra contro la Germania in aiuto alle Nazioni Unite sarebbe stato alfine determinante per ottenere qualche agevolazione al momento del trattato di pace. Questo aiuto, almeno nella forma richiesta dagli Alleati nel corso dei colloqui ed accordi armistiziali che portarono il generale Giuseppe Castellano alla firma del 3 settembre 1943 a Cassibile (Sicilia), a nome del Capo del Governo italiano, maresciallo Pietro Badoglio, e con l'autorizzazione determinante del Re Italia, Vittorio Emanuele III, fu molto modesto; a cominciare subito dalla mancata difesa di Roma e del mancato appoggio allo sbarco degli Alleati a Salerno, che doveva svolgersi sotto la copertura delle Forze Armate italiane, e che mancò completamente facendo irritare gli anglo-americani, rimasti impantanati in quella zona della Campania, per la pronta reazione tedesca, fino alla fine del mese di settembre 1943, e l'arrivo a Roma, che doveva avvenire entro una settimana, si verificò nove mesi più tardi, il 4 giugno del 1944. E l'Italia ne pagò le conseguenze.

La firma di pace di Parigi del 1947, da parte del Capo del Governo onorevole Alcide De Gasperi, portò ad un trattamento particolarmente punitivo per la nazione, con perdita delle colonie e di parte del territorio nazionale e cessione di unità della flotta, riduzione al minimo delle Forze Armate come era stato richiesto e ottenuto da Russia, Francia, Grecia e Iugoslavia, che erano state le vere alleate degli anglo-americani. Esse pretesero e ottennero per gli italiani, invasori delle loro nazioni, la più dura punizione, già iniziata con i massacri indiscriminati e alle foibe degli accoliti comunisti del maresciallo Tito, verso le popolazioni italiane dell'Istria e della Dalmazia, infine costrette all'esodo dalle loro case, accolte nella Madre Patria dai comunisti italiani con odio e vessazioni.

Per gli Alleati (che dopo lo sbarco a Salerno, a Taranto e a Bari, del settembre 1943, si comportavano nella penisola come padroni assoluti, assumendo ovunque i pieni poteri e praticamente imponendo il disarmo di quello che restava delle Regie Forze Armate in gran parte cedendo le armi ai francesi del generale De Gaulle), la campagna d'Italia non era stata una guerra di liberazione, come si sbandiera in Italia, nelle trasmissioni televisive. Si trattò soltanto di conquista strategica di territorio difeso palmo a palmo dai tedeschi, che è costato agli anglo-americani uno sforzo militare e logistico di grande portata e migliaia di morti, e con la guerra civile tra italiani una tragedia nella tragedia.

Gli Alleati finirono per maledire il giorno in cui a metà agosto 1943 Castellano si era presentato a Lisbona ai loro rappresentanti per chiedere l'armistizio, e il loro appoggio nel combattere i tedeschi, con la motivazione che essendo ormai considerarti gli invasori dell'Italia anche le Forze Armate italiane volevano contribuirvi. Questo comportamento dell'Italia è tutt'oggi considerato in Germania un meschini tradimento, che fu reso ancora più amaro dalla fuga del Re da Roma, con il beneplacito, sebbene mai provato, di un accordo con il feldmaresciallo Albert Kesselring, Comandante delle forze germaniche nell'Italia centromeridionale[1].

La guerra in Italia terminò il 28 aprile 1945 con la indiscutibile vittoria degli Alleati, ed in essa scarsa importanza anno avuto le formazioni partigiani, se non per qualche atto di sabotaggio, duramente represso per rappresaglia dai tedeschi a spese della popolazione civile. Migliore fu l'appoggio fornito dalle Regie Forze Armate, in particolare dai Gruppi di Combattimento, dall'organico di una brigata di fanteria, che però non erano autonomi perché inquadrati nelle Divisioni britanniche e polacche, che esercitavano il comando e fornivano l'appoggio dei carri armati e dell'artiglieria pesante, non forniti dagli alleati agli italiani.

Lo sbandierato antifascismo è ancora oggi un elemento divisorio, di odio e non di pacificazione, fra gli italiani, e sarebbe desiderabile di non sentirne parlare più, lasciandone il compito della descrizione soltanto all'intelligenza e alla serietà degli storici non politicizzati, come è stato iniziato molti anni fa, sebbene con una certa comprensibile cautela, dal Professor Renzo De Felice.

Se l'Italia, come la Germania e il Giappone, sopravvissero al disastro, e le tre nazioni non si trovarono nelle condizioni della Germania alla fine della prima guerra mondiale che poi portò al nazismo, questo fu dovuto soltanto alla generosità degli americani, e agli aiuti del loro piano Marshall che porto la nostra nazione al Miracolo Economico degli anni 1950-1960.

▲ Il generale statunitense Dwight David Eisenhower, Comandante in Capo delle Forze Alleate, poi nel dopoguerra Comandante della NATO e quindi Presidente degli Stati Uniti d'America.

---

[1] Francesco Mattesini, *La Marina e l'8 settembre*, I Tomo, "Le ultime operazioni offensive della Regia Marina e il dramma della Forza Navale da Battaglia*"; Ufficio Storico della Marina Militare, Roma, 2002. Francesco Mattesini, *8 Settembre 1943. Dall'armistizio al mito della difesa di Porta San Paolo*, RiStampa Edizioni, Santa Ruffina di Cittaducale (RI), aprile 2021.

# CAPITOLO 1
## LA PIANIFICAZIONE DELL'OPERAZIONE "MINCEMEAT" ("CARNE TRITATA") E LA SUA REALIZZAZIONE

Nella preparazione dello sbarco in Sicilia della primavera ed estate del 1943, denominato in codice Operazione "Husky", i Comandi anglo-americani, sotto il Comando del generale statunitense Dwight David Eisenhower, misero in atto misure molto elaborate per confondere il nemico circa la data e la destinazione dell'attacco. Tra l'altro, nella speranza di ritardare i rinforzi alla Sicilia, di ridurre la minaccia aerea ai loro convogli d'invasione e di tenere le forze navali principali, navi da battaglia e incrociatori lontane dalla zona della Sicilia, furono fornite ad arte, tramite agenti in nazioni neutrali come il Portogallo e la Spagna, false informazioni.

L'operazione "Mincemeat" (carne tritata) fu inserita in un principale piano d'inganno, di un'operazione ben più complessa, chiamata "Barkley", pianificata dai britannici, per ingannare i tedeschi sul loro vero obiettivo di sbarco, la Sicilia.

Ha riferito in un suo libro memorialistico il generale Eisenhower che la preparazione dell'operazione "Husky", lo sbarco in Sicilia, era iniziata nel suo Comando di Algeri nel mese di febbraio 1943, e la sua realizzazione, dopo la conclusione della campagna africana, doveva avvenire ai primi di luglio. Ma vi era preoccupazione per la difesa che avrebbero offerto le truppe italiane e tedesche, che Eisenhower spiegò come segue[2]:

*"L'esperienza ci aveva insegnato che non dovevamo troppo temere la resistenza delle formazioni italiane; tuttavia, in questa operazione avevano da difendere il loro territorio, il che poteva cambiare di molto la situazione. I capi del nostro Servizio Informazioni erano profondamente preoccupati per la forza della guarnigione tedesca. Pensavamo – e più tardi l'esperienza ci provò che la nostra valutazione era giusta – che la guarnigione tedesca al momento dell'attacco fosse stata sostanzialmente maggiore di due divisioni completamente armate ed equipaggiate, l'assalto che progettavamo sarebbe stato troppo debole, e sarebbe stato ragionevole rinviare l'operazione fino a che potessimo effettuare un concentramento maggiore delle nostre forze".*

Nell'operazione "Barkley", come ha scritto nel 1987 Klaus-Jurgen Muller, professore di storia moderna e contemporanea all'Università della Bundeswehr e all'Università Statale di Amburgo, l'operazione "Mincemeat" non è menzionata, ed era soltanto una integrazione ingannevole fittizia al piano "Barkley", avente lo scopo di convincere i tedeschi che gli Alleati avrebbero potuto attaccare la Corsica, la Sardegna o la Grecia piuttosto che la Sicilia. I tedeschi doveva credere che la conquista della Corsica e della Sardegna, da realizzare con l'armata statunitense del generale George Patton, avrebbe dato agli Alleati una base per un potenziale attacco a Roma o anche più a nord intorno a Livorno o Genova, o nel sud della Francia. L'invasione della Grecia, mediante l'impiego di una immaginaria 12ª Armata britannica di dodici divisioni al comando del generale Harold Alexander, a cui si aggiungeva in Cirenaica un'altra fittizia concentrazione di truppe (l'operazione "Wartfall"). poteva convincere la Turchia ad entrare in guerra con gli Alleati, e consentire poi, con l'appoggio dei turchi una avanzata nei Balcani, in direzione della Bulgaria. L'obiettivo finale era quello di far credere ad un ricongiungimento ai sovietici e iniziare con essi una cooperazione che era una minaccia temuta particolarmente dalla Germania.

Per rendere più credibile il piano fittizio della "Barkley", da far considerare ai tedeschi di realizzazione imminente, erano da aggiungere falsi movimenti di truppe, la realizzazione di numerose incursioni in spiaggia, trasmissioni ad elementi greci, diramazione di false informazione, trasmissioni radio, e consegna di cartine delle coste della Grecia. Fu anche organizzata l'Operazione "Animals", che si svolse tra il 21 giugno e l'11 luglio, in collaborazione dei SOE (Special Operations Executive), e agli attacchi dell'aviazione statunitense, con i gruppi di resistenza greca, e che comportò una serie di sabotaggi alle reti ferroviarie e stradali ellenici. Il tutto per tenere le forze tedesche sotto pressione, e per non far capire, con queste azioni di depistaggio, dove effettivamente sarebbe stato lanciato l'attacco all'Europa. La data per realizzare della "Barkley", era fissata per la fine di luglio 1943, due settimane dopo lo sbarco in Sicilia. È in questa operazione di inganno, che non entrò mai in vigore fu inserita la "Mincemeat", che fu realizzata. Ma anch'essa, come vedremo, senza conseguire il

---

2 Dwight D. Eisenhower, *Crociata in Europa* (dall'inglese *Crusade in Europe*), Arnoldo Mondadori, Milano, 1949, p. 211.

successo che il piano "Barkley" prevedeva, ossia di non permettere ai tedeschi di rinforzare la Sicilia, che era la scelta più ovvia dello sbarco.

Occorre dire che da parte degli Stati Maggiori delle Forze Armate italiane e dei Comandi tedeschi in Italia, in particolare del feldmaresciallo Albert Kesselring Comandante Superiore del Sud (Oberbefehlshaber Süd – OBS) che aveva il suo Comando a Taormina, per poi nel maggio 1943 trasferirsi nella sua sede di Frascati, a Villa Falconieri, l'operazione di sbarco degli Alleati in Sicilia era attesa.

E contrariamente a quanto troppo spesso viene affermato e sostenuto con troppa enfasi, specialmente nel Regno Unito, non generò alcuna sorpresa nei comandi dell'Asse in Italia, dal momento che non servirono ad ingannarli i vari espedienti realizzati dagli Alleati. E quindi neppure quello più famoso e fantasioso, escogitato dal contrammiraglio John Henry Godfrey, il Direttore del Servizio Informazioni della Marina britannica, ma che alla fine del 1942 era stato sostituito dal vice ammiraglio Edmund Gerard Noel Rushbrooke.

Il 29 settembre 1939, dopo quasi un mese dall'inizio della seconda guerra mondiale, il contrammiraglio Godfrey, rese noto un suo promemoria chiamato "Trout", che aveva studiato assieme ad un suo assistente il tenente di vascello Ian Fleming, nel dopo guerra famoso per i suoi romanzi, in particolare improntati sul personaggio dell'agente 007, James Bond. Il documento conteneva una serie di metodi da impiegare contro le potenze dell'Asse, come quello di cercare di attirare sottomarini e navi di superficie tedesche verso i campi minati.

Il numero 28 della lista del promemoria "Trout" era intitolato: "*Un suggerimento (non molto carino)*"; un sistema che consisteva nel far trovare dal nemico falsi documenti sul cadavere di un presunto corriere, e che fu studiato per il piano d'invasione Alleato della Sicilia del 1943, allo scopo di attirare l'attenzione del nemico su un falso obiettivo da quello reale.

▲ Il feldmaresciallo Albert Kesselring considerato, indubbiamente, il miglior comandante dell'Aviazione tedesca. Comandante della 2ª Forza Aerea (Luftflotte 2), nel novembre 1941 era stato mandato in Italia da Adolf Hitler, con l'incarico di Comandante Superiore del Sud (OBS), e quindi di tutte le forze tedesche nel Mediterraneo, compresa l'Afrika Korps del feldmaresciallo Erwin Rommel. Kesselring proveniva dall'Arma del Genio ed è considerato il migliore stratega nella Battaglia d'Italia. A Berlino, come a Roma, era anche considerato un italofilo. Nonostante ogni manovra di depistaggio degli anglo-americani per ingannare italiani e tedeschi dal reale obiettivo di sbarco in Sicilia, assieme a Benito Mussolini e al generale Vittorio Ambrosio, Capo di Stato Maggiore Generale (Comando Supremo), e al generale Mario Roatta, Capo di Stato Maggiore dell'Esercito, Kesselring era convinto, ed ebbe ragione, che l'invasione sarebbe avvenuta in quella grande isola, non cascando nei continui tranelli informativi escogitati dagli anglo-americani.

Era noto all'Intelligence britannica, in particolare della loro organizzazione crittografica Ultra, che italiani e tedeschi avevano previsto come obiettivi di una prossima avanzata degli Alleati, dopo la conquista ormai imminente della Tunisia, nel sud dell'Europa, Tre erano le possibili zone in cui per gli anglo-americani era conveniente sbarcare: in Sardegna, in Sicilia e in Grecia, non tralasciando, tuttavia, l'ipotesi di uno sbarco nella Francia meridionale, che avrebbe potuto agevolare agli anglo-americani il successivo sbarco nella Francia settentrionale. Vidi la sottostante cartina.

Nella realizzazione del piano furono protagonisti due ufficiali: Charles Cholmondley, un tenente di volo della RAF distaccato presso l'MI5, il Servizio di Controspionaggio e Sicurezza Nazionale britannico; ed il capitano di corvetta Ewen Montagu, della Naval Intelligence Division, dove dirigeva il NID 17 (M), il ramo secondario che si occupava del lavoro di controspionaggio. Era avvocato in tempo di pace.

Il loro compito, assistiti da un rappresentante del Military Intelligence (MI6) del Secret Intelligence Service (SIS), l'agenzia di spionaggio per l'estero del Regno Unito, il maggiore Frank Foley, fu quello di trovare il cadavere di un uomo deceduto in Inghilterra per polmonite.

Lo trovarono nell'ospedale londinese di St Pancras in Glyndwr Michael, in un giovane gallese di trentaquattro anni, nato ad Aberbargoed il 4 gennaio 1909 da genitori analfabeti, e avendo problemi mentali era stato scartato dal fare servizio militare, e viveva in misere condizioni con una modesta pensione. Era morto il il 28 gennaio per edema polmonare, causato dall'aver probabilmente mangiato cibo con veleno da topi contenente fosforo, che ne aveva causato una saturazione di acqua nei polmoni, da non poter respirare. Con il consenso dei familiari, fu vestito della divisa militare sotto il nome di un fantomatico *maggiore William Hynd Norrie Martin dei Royal Marines*.

La sua morte fu simulata come causata per un annegamento, avvenuto mentre, con falsi documenti confidenziali, si trovava in volo su un aereo che per un incidente era precipitato in mare presso le coste Atlantiche della Spagna meridionale. La speranza era quella che una volta il corpo di Martin fosse stato da chiunque ritrovato, avendo constatato l'esaminatore spagnolo da un'autopsia che il cadavere aveva acqua nei polmoni, l'espediente doveva far credere che quell'ufficiale britannico era morto per annegamento, e che i documenti che portava in una valigetta, tra cui due lettere di alti ufficiali britannici, in cui si citavano due località di sbarchi, erano veri.

Montagu e Cholmondley seppero da un patologo, Bernard Spilsbury, che la morte di coloro che morivano in

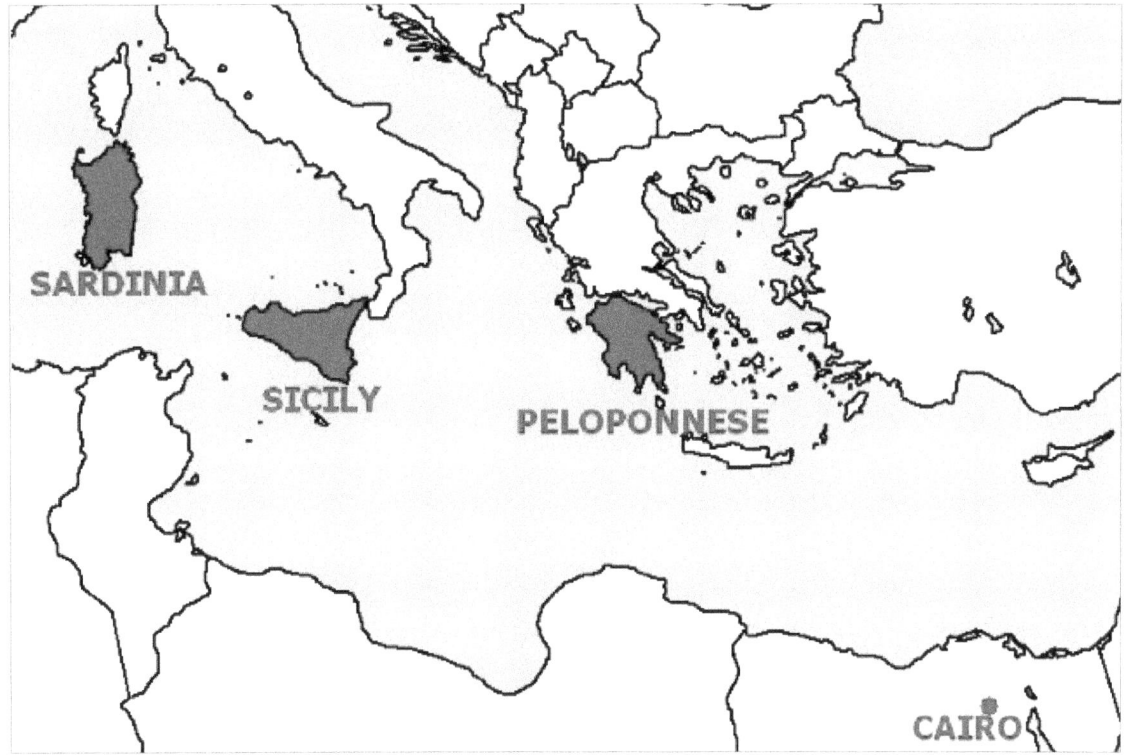

▲ I tre obiettivi in cui poteva verificarsi uno sbarco degli alleati.

un incidente aereo spesso era causata dallo shock e non per annegamento, e i polmoni non si sarebbero necessariamente riempiti d'acqua. Nell'autopsia di un uomo morto per annegamento era poco probabile che si notasse la differenza tra il liquido nei polmoni, che avevano iniziato a decomporsi, e l'acqua di mare.

Tuttavia, Spilsbury aggiunse che *"gli spagnoli, in quanto cattolici romani, erano contrari all'autopsia e non la praticavano a meno che la causa della morte non fosse di grande importanza"*. La scelta della costa spagnola era dovuta al fatto che sotto il Governo franchista vi erano buoni rapporti con i tedeschi, e si sperava che questi ultimi tramite i loro agenti avrebbero subito conosciuto il ritrovamento del corpo di un ufficiale britannico, e si sarebbero mossi per conoscerne dagli spagnoli il motivo.

Nel preparare il depistaggio il capitano di corvetta Montagu delineò tre criteri per la lettera principale che conteneva i dettagli dei piani falsificati per sbarcare nei Balcani, e la località prescelta era la Morea, in Grecia, sotto controllo italiano, dove vi erano due importanti aeroporti. L'obiettivo, con denominazione di operazione "Husky" (il nome in codice del reale sbarco in Sicilia), doveva essere identificato casualmente ma chiaramente, e doveva nominare la Sicilia e un'altra località, il Dodecaneso, come sbarchi di depistaggio. La corrispondenza doveva essere non ufficiale, perché normalmente essa veniva inviata tramite corriere diplomatico o per documento cifrato.

Il tenente generale Archibald Edward Nye, Vice Capo dello Stato Maggiore Imperiale, con una profonda conoscenza delle operazioni militari in corso, fu convinto a scrivere personalmente la falsa lettera principale in cui il generale Harold Rupert Leofric George Alexander, Vice Comandante del Comando Alleato ad Algeri e Comandante del 18° Gruppo di Armate (7ª statunitense e 8ª britannica) che dal Nord Africa doveva sbarcare in Sicilia, era il presunto destinatario.

La lettera trattava diversi argomenti presumibilmente delicati, come l'assegnazione di medaglie da parte degli statunitensi ai militari britannici che prestavano servizio con loro, con commenti anche non lusinghieri, e la nomina di un nuovo comandante della Brigata delle Guardie. La parte più importante della lettera (vedi Documento n. 2) affermava[3]:

*"Abbiamo informazioni recenti che i tedeschi hanno rafforzato e rafforzano le loro difese in Grecia e Creta e il C.I.G.S. [il Capo dello Stato Maggiore Imperiale generale Alan Brooke] ha ritenuto che le nostre forze per lo sbarco fossero insufficienti. È stato concordato dai capi di stato maggiore che la 5ª divisione dovesse essere rinforzata da un gruppo di brigate per lo sbarco alla spiaggia a sud di CAPO ARAXOS e che un simile rinforzo dovesse essere fatto per la 56ª divisione a KALAMATA".*

La seconda lettera, in cui si accennava ad un'operazione chiamata "Brimstone" (Zolfo), inventata e da individuare con un punto non precisato del Mediterraneo, era di presentazione del fantomatico maggiore Martin da parte del suo presunto comandante, il vice ammiraglio Lord Louis Mountbatten, Capo delle Operazioni Combinate (e quindi di sbarco), e indirizzata all'ammiraglio della flotta Sir Andrew Browne Cunningham, Comandante in Capo delle Marine Alleate nel Mediterraneo. Il maggiore Martin era indicato nella lettera come un esperto di guerra anfibia in prestito fino a quando *"lo sbarco fosse terminato"*. Il documento includeva un confuso riferimento a sardine, che il capitano di corvetta Montagu inserì nella lettera nella speranza che i tedeschi lo ritenessero come se ciò significasse una pianificata invasione della Sardegna.

In pratica, la lettera, datata 21 aprile 1943, riportava:

*Caro Ammiraglio della Flotta,*

*Ho promesso a V.C.I.G.S. che il maggiore Martin organizzerebbe con voi l'ulteriore trasmissione di una lettera che ha con sé per il generale Alexander.*
*È molto urgente e molto "caldo" e poiché contiene alcune osservazioni che non potrebbero essere viste da altri nel Ministero della Guerra, non potrebbe passare per segnale.*
*Sono sicuro che vedrai che va avanti in modo sicuro e senza indugio. Penso che troverai in Martin l'uomo che cerchi. All'inizio è tranquillo e timido, ma sa davvero il fatto suo. Era più preciso della maggior parte sulla probabile serie di eventi a Dieppe ed è stato molto coinvolto negli esperimenti con le ultime chiatte e attrezzature che hanno avuto luogo in Scozia.*

---

3 WIKIPEDIA, *Operation Mincemeat*.

▲ Il vice ammiraglio John Henry Godfrey, il Direttore del Servizio Informazioni della Marina britannica, a cui si deve il progettato piano dell'operazione "Mincemeat".

▲ Il capitano di corvetta Ian Lancaster Fleming, ufficiale nel Servizio Informazioni della Marina e assistente personale dell'ammiraglio Godfrey. Giornalista di discreto successo nel dopoguerra, famoso soprattutto per aver creato il personaggio dell'agente 007 (James Bond).

*Datemelo indietro, per favore, non appena l'assalto sarà finito. Potrebbe portare con sé delle sardine: qui sono "in punta"!*

*Cordiali saluti, Louis Mountbatten*

Per giustificare il trasporto di documenti nella valigetta, che dal polso scorreva lungo una manica del trench di Martin con una catinella rivestita di pelle come quella antiscippo usata dai corrieri bancari e gioiellieri, furono aggiunte due bozze dell'opuscolo ufficiale sulle operazioni combinate compilate dallo scrittore Hilary Aidan St George Saunders – allora on servizio nel Comando di Mountbatten - e una lettera di Mountbatten a Eisenhower, chiedendogli di scrivere una breve prefazione per l'edizione americana dell'opuscolo. La valigetta era stata progettata in modo che l'acqua non intaccasse i preziosi documenti.

Nella valigetta vi erano anche: una tessera dei riconoscimento di Martin (numero 148228 dell'Ammiragliato), una fotografia e due lettere d'amore di una sua inesistente fidanzata dal nome Pamela, la ricevuta di un anello di fidanzamento con diamanti dal costo di 53 sterline comprato in una gioielleria di Bond Street, una lettera ricevuta da un inesistente padre, che includeva una nota dell'avvocato di famiglia e un messaggio del co direttore della Lloyds Banca, Ernest Whitley Jones, chiedente il pagamento di uno scoperto di 79 sterline, alcuni effetti personali, come un mazzo di chiavi, e due indumenti di biancheria intima di lana e di buona qualità.

Il 13 aprile 1943 il Comitato dei Capi di Stato Maggiore Imperiale si riunì e concordò che ritenevano che il piano dovesse procedere. Il Comitato informò il colonnello John Henry Bevan, che nella sua qualità di capo della London Controlling Section (LCS), istituita nel settembre 1941, era il responsabile della pianificazione e il coordinamento delle operazioni di inganno. Il colonnello Bevan disse che aveva bisogno di ottenere l'approvazione finale dal Primo Ministro. Due giorni dopo egli incontrò Winston Churchill nel suo ufficio del

▲ L'allora capitano di corvetta del Naval Intelligence Ewen Montegu fu il principale ideatore dell'Operazione "Mincemeat". Dopo la guerra il suo libro dedicato all'operazione ottenne un grande successo.

▲ Il tenente della RAF Charles Cholmondeley, del British Security Service MI5. Insieme a Montagu è considerato tra i principali artefici dell'Operazione "Mincemeat".

Gabinetto di Guerra e gli spiegò il piano, avvertendolo però che c'erano diversi aspetti che potevano andare storti, incluso il fatto che gli spagnoli avrebbero potuto restituire il cadavere agli inglesi, con i documenti non letti. Churchill diede la sua approvazione all'operazione, ma delegò la conferma finale al generale Dwight David Eisenhower, il Comandante in Capo delle Forze Alleate nel Mediterraneo, il cui piano di invasione della Sicilia poteva essere compromesso. Il colonnello Bevan inviò un telegramma cifrato al Quartier Generale di Eisenhower ad Algeri, chiedendo la conferma finale per attuare il piano proposto, che fu ricevuta il 17 aprile. Nel frattempo, il cadavere di Glyndwr Michael era stato lasciato per tre mesi in una cella frigorifera, prima di essere vestito da ufficiale e trasferito nella Scozia sud-occidentale racchiuso, con ghiaccio secco per impedirne il disfacimento, in un grosso cilindro con scritto "*Maneggiare con cura. Strumenti ottici*".

Arrivato a destinazione il cadavere dell'uomo che era ormai divenuto il maggiore Martin fu imbarcato sul sommergibile britannico *Seraph* (tenente di vascello Norman Limbury Auchinleck Jewell), che il 19 aprile 1943 lasciò la base di Holy Loch, nella Scozia sud-occidentale, ufficialmente diretto a Gibilterra. Il *Seraph* percorso con rotta sud il Mare d'Irlanda, scortato con compiti antisommergibili dalla corvetta *Acanthus*, inserita nel Gruppo di scorta britannico B6, entrato nell'Atlantico proseguì isolato la navigazione passando al largo delle coste iberiche fino a raggiungere una posizione a sud di Lisbona, nei pressi di Huelva, a 1.500 metri dalla località costiera di Portil Pilar.

La notte del 29-30 aprile il cadavere di Martin fu mollato in mare vicino alla costa dal *Seraph*, che aveva percorso 12 miglia dal punto dell'immersione. E come avevano esattamente calcolato sul moto della corrente i pianificatori del "Mincemeat", galleggiando con il salvagente andò ad arenarsi vicino a Huelva, a nord di Cadice. Secondo Montegu, la zona di Huelva fu scelta perché l'agente Adolf Clauss, dell'Abwehr (il Servizio Segreto dell'Alto Comando delle Forze Armate tedesche (Oberkommando der Wehrmacht – OKW) vi abitava ed era considerato un elemento molto capace che aveva ottimi contatti con alcuni ufficiali spagnoli. Era figlio del console tedesco, e operava sotto la copertura di un tecnico agrario. Inoltre il viceconsole britannico in città, Francis Haselden, era considerato "*un uomo affidabile e disponibile*" su cui si poteva fare affidamento.

Mentre il sommergibile, che trasmise all'Ammiragliato britannico "*Operazione Mincemeat completata*", proseguiva nella sua navigazione raggiungendo Gibilterra il 30 aprile, il mattino di quello stesso giorno, intorno alle 09.30, il cadavere di Martin che galleggiava al largo della spiaggia di La Bota (Huelva) fu trovato da un

▲ Il patologo Bernard Spilsbury.

In reply, quote S.R.1924

COMBINED OPERATIONS HEADQUARTERS,
1A, RICHMOND TERRACE,
WHITEHALL. S.W

Telephone
WHitehall 9777

21st April,
1943.

Dear Admiral of the Fleet,

I promised V.C.I.G.S. that Major Martin would arrange with you for the onward transmission of a letter he has with him for General Alexander. It is very urgent and very "hot" and as there are some remarks in it that could not be seen by others in the War Office, it could not go by signal. I feel sure that you will see that it goes on safely and without delay.

I think you will find Martin the man you want. He is quiet and shy at first, but he really knows his stuff. He was more accurate than some of us about the probable run of events at Dieppe and he has been well in on the experiments with the latest barges and equipment which took place up in Scotland.

Let me have him back, please, as soon as the assault is over. He might bring some sardines with him - they are "on points" here!

Yours sincerely

Louis Mountbatten

Admiral of the Fleet Sir A.B. Cunningham, C.C.B.,D.S.O.,
Commander in Chief Mediterranean,
Allied Force H.Q.,
Algiers.

▲ L'originale della lettera per l'ammiraglio della flotta Andrew Browne Cunningham.

▲ Il maggiore Francis Edward Foley, rappresentante del Military Intelligence (MI6) del Secret Intelligence Service (SIS), l'agenzia di spionaggio per l'estero del Regno Unito, che fu incaricato di assistere il lavoro di Ewen Montegu e di Charles Cholmondeley. Foyle era un personaggio famoso. Prima della guerra, essendo addetto al controllo passaporti per l'ambasciata britannica a Berlino, dopo la Notte dei cristalli (8-9 novembre 1938), avvenuta in Germania per l'attentato a Parigi del diciassettenne ebreo-polacco Herschel Grynszpan contro il diplomatico tedesco Ernst Eduard von Rath, e prima dello scoppio della seconda guerra mondiale, aiutò migliaia di famiglie ebree a fuggire dalla Germania sotto il regime nazista. È ufficialmente riconosciuto come Eroe britannico dell'olocausto e Giusto tra le Nazioni.

▼ Il maggior generale Archibald Edward Nye, Vice Capo dello Stato Maggiore Imperiale.

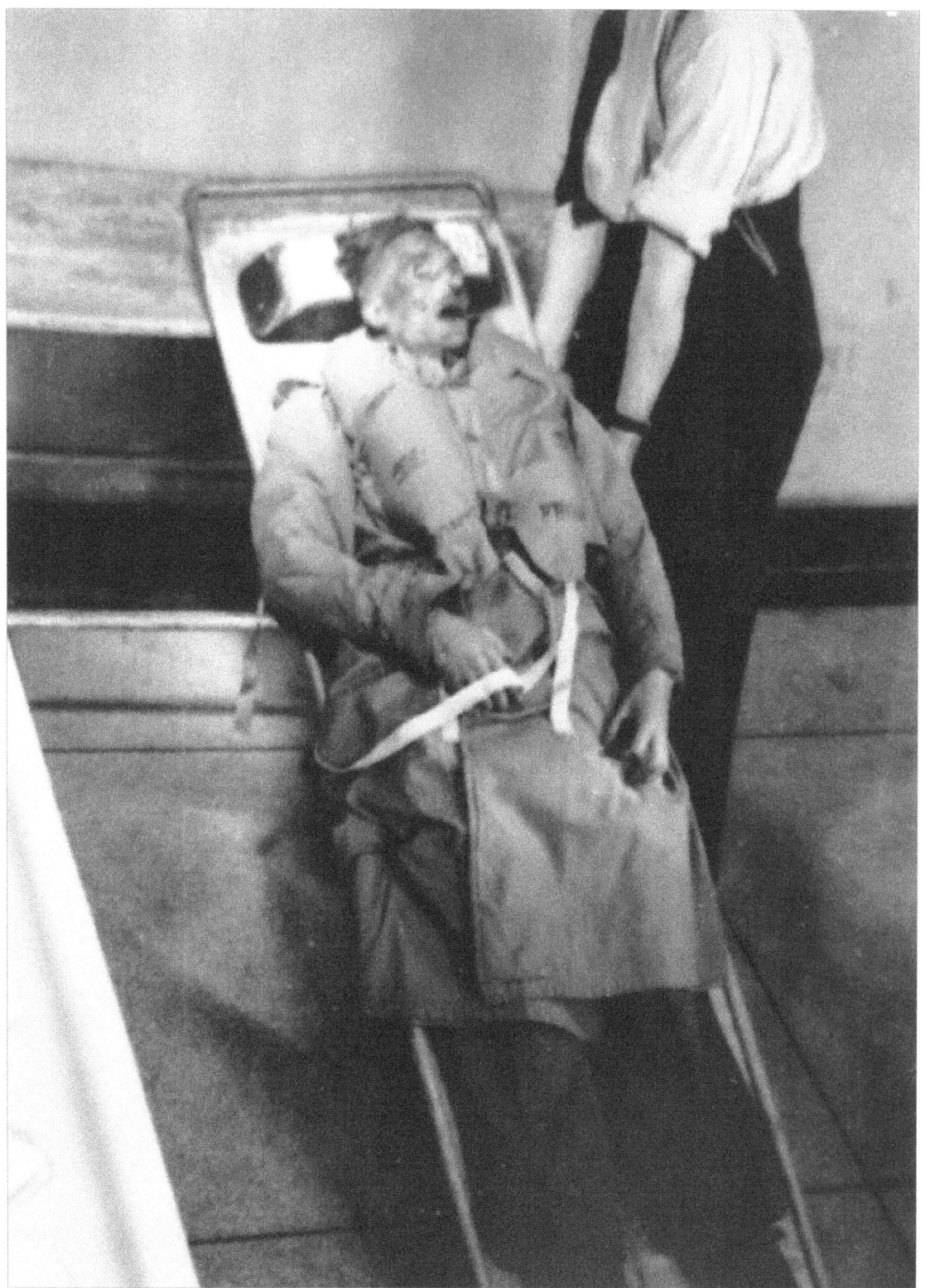

▲ Il cadavere di Glyndwr Michael, con il vestito del falso maggiore William Martin, legato su una barella mortuaria dell'obitorio di Hackney. Osservando il corpo e il volto di Glynwr Michael si notano la sua mano serrata e la faccia superiore scolorita; sono la prova di avvelenamento da fosforo.

▲ Lo stesso vestito e la valigetta indossati dall'attore Charles Fraser-Smith del film del 1956. Impersonava l'inventore che progettò il contenitore per trasportare il corpo di Martin.

pescatore spagnolo, di origine portoghese, della città di Punta Umbria, José Antonio Rey María. Il pescatore riconobbe la divisa militare inglese, e il cadavere fu portato a Huelva dai soldati spagnoli, dove fu consegnato al locale giudice istruttore della Marina, Mariano Pascual del Pobil, che fu il primo depositario della salma e della cartella con i documenti che il cadavere, non identificato, aveva legata al polso.

Il 1° maggio, a mezzogiorno, venne effettuata l'autopsia dal medico legale Eduardo Fernández del Torno. Vi assistette il vice console britannico F.K. Haselden, e il certificato di morte riportò "*asfissia per immersione in mare*". Il cadavere fu poi seppellito il 2 maggio, con tutti gli onori, nella 5ª sezione di San Marco del cimitero Nuestra Señora della cittadina spagnola.

I documenti che negli intendimenti dei pianificatori dell'operazione "Mincemeat" dovevano mascherare lo sbarco in Sicilia, furono sequestrati dagli spagnoli il 5 maggio e spediti a Madrid, dove la valigetta fu aperta in seguito alle pressioni dell'ammiraglio Wilhelm Canaris, Capo dell'Abwehr (il servizio d'informazione militare tedesco), il cui intervento era stato richiesto da Karl-Erich Kühlenthal uno dei rappresentanti più anziani ed efficienti dell'Abwehr in Spagna. Le buste con le lettere furono aperte e poi accuratamente richiuse dopo che i documenti erano stati fotografati, e gli originali furono riconsegnati l'11 maggio a Haselden con la valigetta che fu spedita a Londra. Una copia fu consegnata a Kühlenthal (sigla K O), che la portò personalmente a Berlino, dopo aver fatto un sunto telegrafico dei documenti, che furono discussi in una conferenza del 7 maggio presso l'ammiraglio Dönitz, che oltre ad essere il Comandante della Kriegsmarine era anche il Capo della Seekriegsleitung (SKL), la Direzione delle Operazioni Navali della Marina germanica, in cui veniva riportato[4]:

"*Un corriere inglese precipitato in Spagna aveva con sé uno scritto personale del Vice Capo di Stato di Maggiore generale al general Alexander del 23.04 dal seguente tenore:*

▲ Lo scrittore britannico Hilary Aidan St George Saunders.

---

4 *Kriegstagebuch der Seekriegsleitung/Operationsabteilung*, parte A [KTB 1.Skl, A], Berlin- Bonn-Herford, Mittler & Sohn, 1988 ss., vol. 45: *Mai 1943*, 07.05.1942, pp. 127-128. Le traduzioni dal tedesco sono di Augusto De Toro. Al mio amico va il mio più affettuoso ringraziamento.

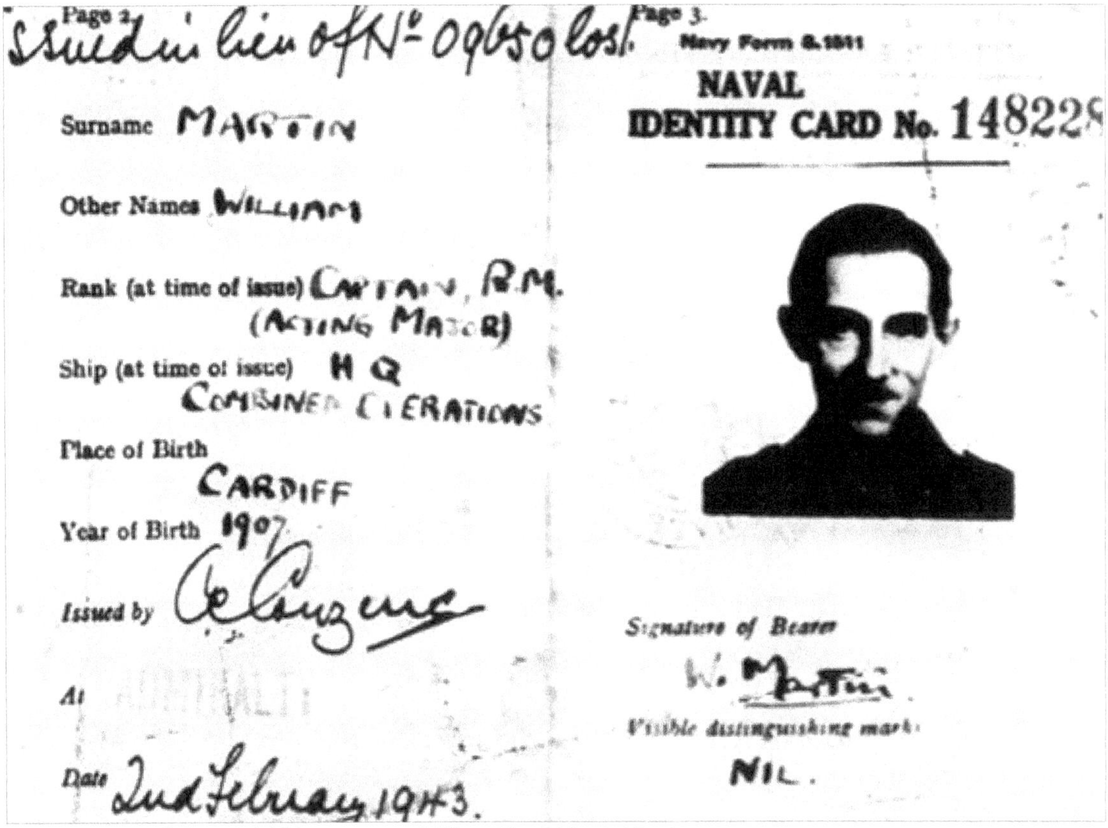

Page 2. Issued in lieu of No 09650 lost.

Surname MARTIN

Other Names WILLIAM

Rank (at time of issue) CAPTAIN, R.M. (ACTING MAJOR)

Ship (at time of issue) H Q COMBINED OPERATIONS

Place of Birth CARDIFF

Year of Birth 1907

Issued by

At

Date 2nd February 1943.

Page 3. Navy Form S.1511

NAVAL IDENTITY CARD No. 148228

Signature of Bearer W. Martin.

Visible distinguishing marks NIL.

▲ Il documento d'identità del falso maggiore William Hynd Norrie Martin.

▼ La fotografia di Pamela, la fantomatica fidanzata del maggiore Martin. Si trattava di Joan Leslie, una giovane segretaria che lavorava ufficio del capitano di corvetta Montagu.

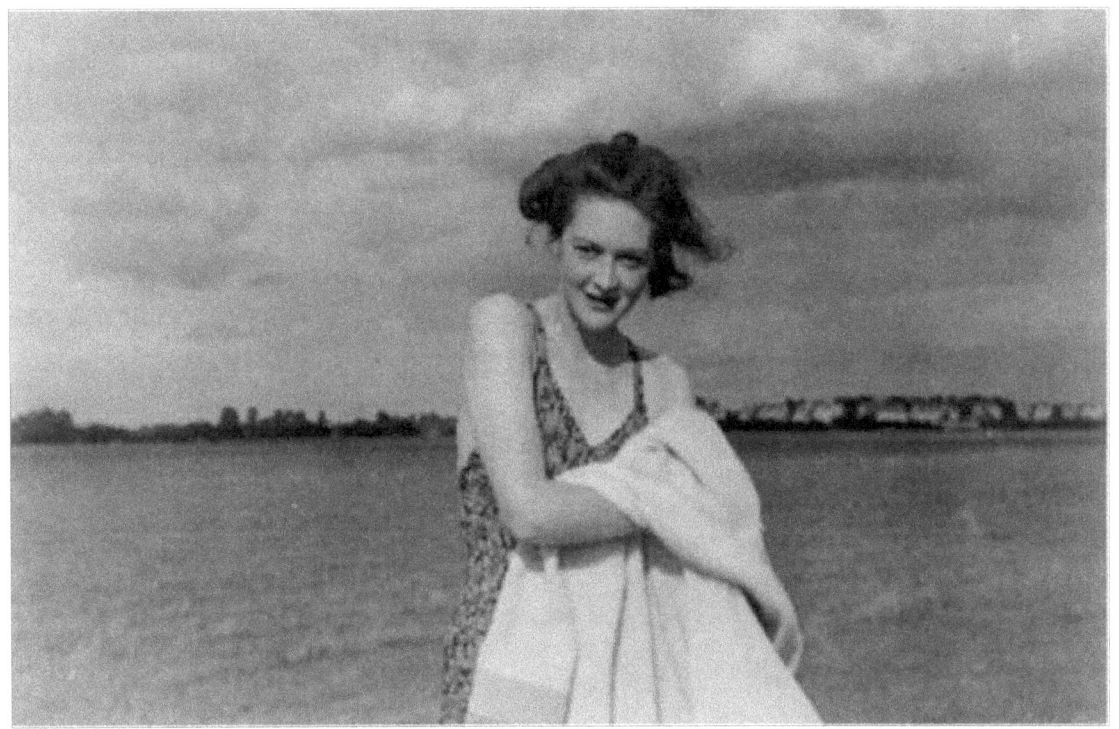

*1)* *Sono pianificate due operazioni di sbarco. Nome in codice "Husky" e "Brimstone".*

*2)* *"Husky" sembra riguardare la Grecia. In ogni caso, è previsto il rafforzamento della 5ª Divisione per un attacco [sbarco] a Capo Araxas e della 56ª Divisione a Calamata.*

*3)* *"Brimstone" sembra riguardare un'operazione del Mediterraneo occidentale.*

*4)* *Per l'operazione "Husky" sono proposte azioni diversive nel Dodecaneso, per l'operazione "Brimstone" azioni diversive in Sicilia.*

*Non ci si può ancora pronunciare sull'autenticità del documento. Lo Stato Maggiore generale dell'Esercito [Generalstab des Heeres] sta verificando fino a che punto i citati reparti possano corrispondere ai propositi espressi".*

Il mattino del 10 maggio, come vedremo, l'informazione fu trasmessa dal 1° Reparto della Seekriegsleitung (1/SKL) al Comando della Marina Germanica in Italia, e da essa subito portata a conoscenza di Supermarina, l'organo operativo dello Stato Maggiore della Regia Marina.

Dal Diario della SKL sappiamo che l'11 maggio, in un'altra conferenza con il Capo della Seekriegsleitung, con esposizione del Capo del 3° Reparto analisi informazioni (3/SKL), capitano di vascello Norbert von Baumbach, fu portato a conoscenza che erano da *"considerare autentiche le lettere ricevute sul corriere precipitato in Spagna e che gli intendimenti di sbarco ivi riportati sono possibili con riguardo ai siti e alle forze indicate*[5]*".*

Nel pomeriggio dello stesso giorno 11, il grande ammiraglio Dönitz, che in procinto di partire per Roma, per un importante convegno con Supermarina, conferì con il Führer *"circa i prossimi intendimenti nel Mediterraneo"*. Durante la discussione con l'ammiraglio Dönitz, Hitler disse che intendeva mantenere il possesso della Sardegna *"con tutti i mezzi"*. Al momento le forze tedesche che vi erano state trasferite erano ridotte. Riteneva invece *"un'invasione della Sicilia meno probabile*[6]*".*

L'indomani 12 maggio, in un'altra conferenza presso il Capo della Seekriegsleitung, veniva specificato[7]:

*"La documentazione del corriere catturata in Spagna è senza dubbio autentica. Le lettere sono al momento sottoposte ad accurato esame e lasciano intendere che vi siano trattate solo parte delle operazioni o le operazioni diversive".*

In una nuova conferenza del 13 maggio, fu portata a conoscenza quali fossero i documenti e gli obiettivi che i britannici intendevano attuare[8]:

*"Il Capo del 3/Skl riferisce come segue sui documenti catturati in Spagna. Si tratta di:*

*1°) Una lettera del war office di Londra al generale Alexander del 23 aprile che si occupa delle operazioni di sbarco "Husky" e "Brimstone".*

*2°) Una lettera di Lord Mountbatten all'ammiraglio Cunningham.*

*3°) Una lettera di lord Mountbatten al generale Eisenhower.*

*Dalla prima lettera si ricava che dovrà aver luogo una più grande operazione nel Mediterraneo occidentale, in concomitanza della quale verrà attaccata la Sicilia come diversivo e viene menzionato uno sbarco in due punti del Peloponneso con azione diversiva sul Dodecaneso.*

*Dalla seconda lettera emerge che lo sbarco principale nel mediterraneo occidentale avrà apparentemente luogo in Sardegna.*

*A giudizio dello Stato Maggiore generale dell'Esercito i documenti sono senza dubbio autentici; trattano, però, in apparenza solo operazioni collaterali rispetto allo sbarco principale, che presumibilmente è da attendersi in Sardegna. …*

*Il Comandante della Marina germanica in Italia, il Gruppo Sud e l'Ammiraglio Egeo sono stati informati sommariamente del contenuto dei documenti.*

*I nomi in codice significano: "Husky" sbarco in Peloponneso, "Brimstone" sbarco nel Mediterraneo occidentale".*

\*\*\*

---

5 *Ibidem.*
6 KTB 1.Skl, A, vol. 45, 11.05.1943, p. 209 e 211.
7 KTB 1.Skl, A, vol. 45, 12.05.1943, p. 225-226.
8 KTB 1.Skl, A, vol. 45, 13.05.1943, pp. 240-241.

▲ I reali pianificatori dell'Operazione "Mincemeat": i membri della Sezione 17M, del controspionaggio del Servizio d'Informazione Navale della Marina britannica. Ewen Montegu è il secondo seduto da destra.

▼ La London Controlling Section.

▲ Il Comandante della London Controlling Section, il colonnello John H. Bevan.

A Berlino, l'Ufficio estero/controspionaggio dell'Alto Comando Supremo (Oberkommando der Wehrmacht – OKW), il Reparto eserciti esteri Ovest del Comando Superiore dell'Esercito (Oberkommando des Heeres – OKH) e il Reparto analisi delle Informazioni dell'Alto comando navale (Seekriegsleitung – SKL), secondo i propri calcoli sulla disponibilità delle forze navali nemiche, dubitavano che gli Alleati potessero eseguire i due richiamati sbarchi nel Poleponneso e in Sardegna. Anche Hitler e l'OKW erano ora saldamente convinti che il nemico avrebbe attaccato nel Mediterraneo occidentale la Sardegna e nel Mediterraneo orientale il Peloponneso. Il generale Hiroshi Oshima, ambasciatore giapponese a Berlino, considerava più probabile uno sbarco nemico in Sardegna piuttosto che in Sicilia.

A Roma, Mussolini, Kesselring e l'ammiraglio Friedrich Oskar Ruge, Comandante della Marina germanica in Italia, che prima ancora dell'arrivo dell'ammiraglio Dönitz, il 13 maggio, non erano ancora a conoscenza del ritrovamento dei documenti britannici, espressero, viceversa, l'opinione che la Sicilia fosse più direttamente minacciata della Sardegna, senza, però, supportare questa supposizione con sicuri riscontri o fondati argomenti. Nel Diario della SKL, alla data del 19 maggio viene spiegato, in una precisa relazione presentata dall'Ufficio Estero/controspionaggio dell'OKW, come i documenti inglesi erano finiti in mano spagnola e come erano stati maneggiati con speciali sistemi, in modo che dopo averne presa visione, non si riconoscesse come le buste con le carte erano state aperte. I documenti erano poi stati restituiti agli inglesi nel loro stato originale per il tramite del Ministero degli Esteri spagnolo[9].

▲ 8 giugno 1943, Conferenza al Quartier Generale Alleato di Algeri. Il Primo Ministro britannico Winston Churchil discute sulla presentazione del piano di sbarco per l'invasione della Sicilia. Sono presenti i principali Capi militari. Da sinistra, il Ministro degli Esteri britannico Anthony Eden, il generale Alan Brooke, Capo dello Stato Maggiore Imperiale, il maresciallo dell'aria Arthur Tedder Comandante della RAF, l'ammiraglio A.B. Cunningham Comandante delle forze navali alleate, il generale Harold Alexander, Comandante del 18° Gruppo d'Armate anglo-americane, il generale George Marshall, Capo delle forze armate statunitensi, il generale Dwight Eisenhower, Comandante in Capo delle Forze Alleate, e il generale Bernard Montgomery, Comandante dell'8ª Armata britannica.

---

9 Prot. 1.Skl. 14712/43, in KTB, parte C, raccoglitore XIV.

▲ Charles Cholmondely, con divisa della RAF, e Ewen Montagu, con divisa della Royal Navy, il 17 aprile 1943 trasportano con l'autocarro il corpo del maggiore Martin in Scozia.

▼ Il comandante, tenente di vascello Norman Limbury Auchinlech Jewell, e i suoi quattro ufficiali del sommergibile britannico *Seraph*, prescelto per l'Operazione "Mincemeat". L'immagine è del dicembre 1943.

▲ La torretta del sommergibile britannico *Seraph* prescelto per l'Operazione "Mincemeat". Secondo da destra il comandante tenente di vascello Norman Limbury Auchinleck Jewell.

▼ La corvetta britannica *Acanthus*, che scortò il sommergibile *Seraph* nel Mare d'Irlanda.

▲ Huelva, a nord di Cadice, dove il cadavere del finto maggiore Martin fu trovato sulla spiaggia

▼ Il cadavere del fantomatico maggiore Martin viene esaminato dagli spagnoli. Da una scena del film "*L'uomo che non è mai esistito*".

Ma queste precauzioni non bastarono, e i britannici, che all'interno delle buste avevano messo delle ciglia che mancavano, si accorsero subito, con loro grande soddisfazione, che le buste erano state aperte e che il contenuto era a conoscenza degli spagnoli, ed immaginarono che le informazioni sarebbero arrivate ai tedeschi, come poi fu confermato dalla fonte crittografica Ultra.

Quindi questa parte essenziale dell'operazione "Mincemeat" era pianamente riuscita. Successivamente, in una conferenza presso il Capo della SKL, si portava a conoscenza che i documenti si trovavano nella borsa di un ufficiale deceduto, il maggiore Martin. Il console inglese era presente al ritrovamento, ma gli spagnoli con un protesto le avevano sequestrate per poi restituirle.

Ancora il 30 maggio, sempre secondo il Diario della SKL, vi era il convincimento in quell'ente *"che le prossime, maggiori operazioni del nemico sono da attendersi alla metà circa di giugno contro la Sardegna e la Corsica nel Mediterraneo occidentale e, nel Mediterraneo orientale, contro il Peloponneso con baricentro nel Mediterraneo orientale*[10]*"*.

▲ Gli oggetti personali trovati dagli spagnoli sul corpo del maggiore Martin.

---

10 KTB 1.Skl, A, vol. 45, 30.05.1943, p. 514.

▲ L'ammiraglio Wilhelm Canaris, Capo dell'Abwehr.

# CAPITOLO 2

## LE PREOCCUPAZIONI TEDESCHE A BERLINO E LE IMPORTANTI CONSIDERAZIONI DEGLI STORICI ANGLO-AMERICANI

Sull'operazione "Mincemeat" il grande storico statunitense, professor ammiraglio Samuel Eliot Morison è stato molto preciso nei particolari del piano britannico, ed anche molto pungente, scrivendo l'essenziale. Quando il 13 maggio 1943 [in realtà il giorno 14], di ritorno da Roma dove vi era stata una conferenza con i Capi della Regia Marina italiana, il Comandante in Capo della Marina Germanica, grande ammiraglio Karl Dönitz, si presentò a Hitler [alle ore 17.30] per riferire anche su un colloquio avuto con Benito Mussolini, "*trovò il Führer trasformato dalla scoperta d'un piano angloamericano*". Esso riportava, come gli era stato riferito, che "*gli attacchi Alleati sarebbero stati diretti principalmente contro la Sardegna e il Peloponneso*", secondo un progetto molto elaborato della Marina britannica denominato "Mincemeat"[11].

Secondo quanto scritto da Morison[12]:

"*I documenti chiave erano:*

*1)*     *Una "lettera" del Vice Capo di Stato Maggiore Generale al Generale Alexander, che lo informava come la Sicilia fosse un semplice protesto, una diversione all'Operazione "Husky". L'obiettivo reale era il Dodecaneso* [sic];

*2)*     *Una "lettera" dell'Ammiraglio Mountbatten all'ammiraglio Cunningham, che presentava il Maggiore Martin come un esperto in materia di sbarchi ed aggiungeva: "Rimandatemelo, per favore, appena l'assalto è terminato: Potrebbe portare con se un po' di sardine!*[13]"

*Gli esperti del servizio informazione teutonico dedussero da questo laborioso gioco di parole, come si riteneva avrebbero fatto, che anche la Sardegna era un obiettivo nella "Husky". Hitler stesso fu completamente tratto in inganno. Come risultato, nel mese di giugno alcune vaste forniture di buone truppe e di materiale vennero spedite dai porti adriatici e della Francia nel Peloponneso, una divisione corazzata* [era la 90 Divisione Panzer Grenadier] *venne spedita in Sardegna, batterie costiere furono installate sulle coste greche, e posamine tedeschi, che stavano già disponendo mine al largo delle coste meridionali della Sicilia, furono dirottati per la Grecia, insieme con la maggior parte delle motosiluranti allora nelle acque siciliane* [sic]. *Il 21 maggio il Comando Supremo dell'Armata Tedesca informò il Maresciallo Kesselring che "le misure da prendersi in Sardegna e nel Peloponneso dovevano avere la precedenza su qualunque altra…*

*Tuttavia, in contrasto con la credulità di Hitler e degli uomini che lo circondavano, gli ammiragli italiani responsabili ed i generali tedeschi agirono* **con buon senso e risolutezza** [il grassetto è dell'Aurore] *Il Servizio Informazioni italiano screditò per primo il "Maggiore Martin", e il "punto di vista" di Supermarina del 24 giugno escludeva la Grecia; lo spiegamento delle forze da sbarco Alleate – esso diceva – prova che l'obiettivo sicuro è la Sicilia. Neanche il Maresciallo Kesselring tenne conto dell'immaginario Maggiore. Il 20 giugno egli cominciò a spedire la divisione corazzata Herman Göring in Sicilia attraverso lo Stretto di Messina, in rinforzo della guarnigione siciliana* [15ª *Divisione Panzergrenadier ed altre unità*]; *e il suo "punto di vista" in data 28 giugno prevede lo sbarco in Sicilia, lo stima possibile anche in Sardegna, non fa parola della Grecia*".

Poiché Morison smonta l'importanza dell'operazione "Mincemeat", tanto caro ai britannici, e per i suoi molti distingui sulla loro strategia, in particolare di Churchill e da comprendere come i britannici non abbiano molta considerazione per il grande storico statunitense. Suo capolavoro, che non piace agli spagnoli, il bellissimo libro "*Cristoforo Colombo*".

---

11 Samuel Eliot Morison, *History of United States Naval Operations in World War II, Sicily – Salerno – Anzio, January 1943 – June 1944*, Castle Books, 2001, pp. 45-47.
12 *Ibidem*.
13 Il Vice Capo di Stato Maggiore Generale Imperiale era il generale Archibald Edward Nye; il generale Harold Alexander il Vice Capo del Comando Alleato ad Algeri, nonché Comandante del 18° Gruppo d'Armate che doveva sbarcare in Sicilia; l'ammiraglio Louis Mountbatten, (cugino del Re d'Inghilterra George VI poi Viceré dell'India che porto all'indipendenza nel 1947) il Comandante delle operazioni speciali combinate (e quindi da sbarco); l'ammiraglio Andrew Browne Cunningham il Comandante delle Marine Alleate.

▲ Il funerale all'inesistente maggiore Martin con gli onori militari nel cimitero di Huelva.

▼ L'agente Abwehr Karl-Erich Kühlenthal (a destra) il più esperto ed efficiente dipendente di Canaris in Spagna.

Della stessa opinione di Morison è l'altrettanto grande storico della Marina britannica, capitano di vascello Stephen Wentworth Roskill che nel 3° Volume della sua monumentale opera *The War at Sea*, riporta quella che può considerarsi di aver posto la lastra di chiusura alla tomba dell'operazione "Mincemeat", scrivendo[14]:

"*Infine tra le misure per ingannare il nemico, va ricordato il macabro trucco di mettere in mare al largo della costa spagnola, un cadavere travestito portante lettere contraffatte di alti ufficiali e compilate in modo da dare l'impressione che l'attacco, quando sarebbe avvenuto, sarebbe stato contro la Grecia e la Sardegna. Sebbene Hitler e i suoi consiglieri intimi fossero certamente ingannati,* **i Comandanti tedeschi ed italiani sembrano essere stati meno ingenui** [il grassetto è dell'Aurore] *e verso la fine di giugno* **furono infatti trasportati in Sicilia rinforzi supplementari**[15]".

La medesima considerazione, anche se più sfumata, è stata fatta dal generale britannico C.J.C. Molony, scrivendo sull'Operazione "Mincemeat"[16]:

"*Il piano causò una raffica di apprezzamento e ingannò o confuse molti, incluso Hitler. Il colpo attirò l'attenzione del nemico sull'estremità "sbagliata" del Mediterraneo, una distrazione che contribuì a mantenere segreto il vero piano alleato. Ma Molony aggiunse che la "Mincemeat":* **Non ebbe effetto sulle forze di terra dell'Asse in Sicilia nel D-Day** (il grassetto è dell'Autore), *ossia al momento dello sbarco*".

In realtà, debbo smentire Playfayr, non ci fu da parte dei Comandi italiani e tedeschi alcuna mancata "*attenzione*" e "*distrazione*" all'estremità orientale del Mediterraneo, e le preoccupazioni di Hitler e dell'OKW, come vedremo, erano giustificate poiché causate dal fatto che in Romania esistevano grandi giacimenti minerali di rame, bauxite, cromo e di olio combustibile, che erano essenziali per lo sforzo di guerra della Germania. Un attacco degli Alleati al Dodecaneso o alla Grecia, avrebbe messo in pericolo tutte quelle risorse, che occorreva difendere. Quanto alla minaccia nel Mediterraneo occidentale, il Führer riteneva che la Sardegna potesse essere la più minacciata dal nemico, mentre invece Mussolini era fermo nella sua opinione che lo sbarco si sarebbe svolto in Sicilia[17]. Con ciò dava ragione all'opinione di Winston Churchill che, quando gli fu presentato il piano dell'operazione "Mincemeat", sembra abbia detto sul vero obiettivo dello sbarco: "*Tutti tranne un dannato sciocco* [si riferiva a Hitler] *saprebbero che è la Sicilia*[18]".
Ed in effetti, con l'arrivo in Sicilia nei giorni 22-23-24 e 25 maggio della Divisione Herman Göring, il progetto dell'operazione "Mincemeat" di impedire ai tedeschi di rinforzare le loro forze in Sicilia falli miseramente. Quel piano, come temuto da Churchill, era come un setaccio, colava acqua da ogni parte.
Infine non può mancare, in questa esposizione delle opinioni quanto scritto dal famosissimo storico britannico B.H. Liddell Hart[19]:

---

14 Stephen Roskill, "History of the Second World War United Kingdom Military Serie", *The Mediterranean and Middle East, The Campaign in Sicily and The Campaign in Italy 3rd September 1943 to 31st March 1944*, Volume III, Parte I, HMSO, London. Per la nota di Roskill: vedi Ewen Montagu, *The Man Who Never Was* (Evans Bros, 1953).
15 La sera del 13 giugno l'OBS, nella sua Situazione Operativa, messaggio n. 1842/25, comunicò agli italiani che l'indomani la Divisione Hermann Göring sarebbe stata trasferita nella zona Potenza – Matera – Altamura. La Divisione raggiunse la Sicilia nei giorni 22 e 23 giugno, comprendente: "*1ª Compagnia Reggimento corazzato, Comando Compagnia assalto, 8ª e 9ª Compagnia 2° Reggimento granatieri corazzato, 1° Gruppo Reggimento artiglieria contraerea, aliquote Reparto comunicazioni, Compagnia riparazioni, Compagnia fornai, Ufficio amministrativo, 2ª Compagnia sanitaria, 2° e 3° Plotone motociclisti, eccetto aliquote non efficienti del Reggimento contraereo, del Reggimento artiglieria e del Reggimento rifornimenti. Giorno 24 tutti i mezzi motorizzati et cingolati si troveranno su territorio Siciliano mentre presumibilmente giorno 25 ultima aliquota Reggimento corazzato arriverà zona Reggio in trasporto celere. Complessivamente 42 treni. 29ª Divisione Granatieri corazzata, et complessivi 5 treni Brigata Assalto "Reichsführer SS" arrivati proprie zone dislocamento.* Considerando che vi era ormai nel Mediterraneo una situazione marittima degli anglo-americani che comprendeva 6 navi da battaglia e forse 3 navi portaerei [2 sicure], nel documento si riportava "*lasciano presumere imminente inizio decisivo operazioni attacco nemiche*". Cfr., ASMAUS, fondo *DCHG 3*, cartella 36.
16 C.J.C. Molony & F.C. Flynt - H.L. Davies – T.P. Gleave, *The Mediterranean and Middle East*, Volume V, HMSO, London, 1978, p. 37.
17 Archivio Stato Maggiore Esercito Ufficio Storico (da ora in poi ASMEUS), fondo *H.5*, cartella 3RR.
18 Crowdy, Terry, *Deceiving Hitler: Double-Cross and Deception in World War II.*, Oxford, 2008, p. 195.
19 B.H. Liddell Hart, *Storia Miliare della seconda Guerra mondiale*, Mondadori, Milano, 1970, p. 615.

*"Il cadavere e la lettera [del generale Nye] rientravano in un ingegnoso piano ideato da una sezione del servizio segreto inglese per mettere fuori strada i tedeschi. Lo stratagemma fu attuato così bene che i capi del servizio segreto tedesco non dubitarono neppure della autenticità dei documenti. Anche se non valse a modificare la convinzione dei capi italiani e di Kesselring che la Sicilia sarebbe stata il prossimo obiettivo degli alleati".*

È incredibile come l'autore del libro *"L'uomo che non è mai esistito"*, e i realizzatori del film, non abbiano prestato attenzione, o dato fiducia, a quanto scritto dai più importanti storici anglo-americani, e non conoscessero nulla di quello che era il pensiero italiano e tedesco in Italia, la cui maggiore preoccupazione di una prossima minaccia nemica sul territorio europeo, dopo la perdita della Tunisia, era rivolta alla Sicilia; perché dalla Sicilia si poteva iniziare l'invasione della penisola italiana, e realizzare quegli sconvolgimenti politici che avrebbero portato prima alla caduta di Mussolini e poi alla resa dell'Italia.

Sono ancora tanto presuntuosi da aver prodotto, nel 2022, un altro film, sull'*"Uomo che non è mai esistito"*, intitolandolo, come detto, *"L'arma dell'inganno – Operazione Mincemeat*[20]*"*.

▲ I Responsabili delle Forze Alleate nel Mediterraneo al Comando di Algeri, che dopo la fine della campagna di Tunisia prepararono i piani per l'invasione della Sicilia. Da sinistra, il Comandante in Capo generale Dwight David Eisenhower, il maresciallo dell'aria Arthur Tedder Comandante delle Forze Aeree Alleate, il generale Harold Alexander Vice Comandante delle Forze Alleate e Comandante del 15° Gruppo d'Armate, l'ammiraglio Andrew Browne Cunningham, Comandante delle Marine Alleate. Dietro il ministro Harold Macmillan, il generale Walter Bedell Smith, Capo di Stato Maggiore del Comando Alleato, e un ufficiale non identificato.

---

20 L'autore di questo libro, appena ventenne, ha avuto l'occasione di trovarsi a fare le sue ricerche storiche, negli anni '50, quando l'Archivio dell'Ufficio Storico della Marina Militare, era frequentato dal Professore Morison, entrambi con l'autorizzazione dell'allora Direttore ammiraglio di squadra Giuseppe Fioravanzo. Morison stava facendo le sue ricerche, durate qualche giorno, in quell'archivio italiano esattamente come deve fare ogni ricercatore che deve svolgere un lavoro obiettivo e importante, senza temi di smentite, altrimenti rischia di scrivere libri di carattere scadente, non del tutto veritieri e anche fumettistico, se non addirittura romanzato, con scarso senso di verità. Mai fidarsi delle pubblicazioni sebbene memorialistiche, e tanto meno dei film con patetiche scene d'amore.

▲ Il Vice Capo di Stato Maggiore Imperiale generale Archibald Edward Nye, in visita in Italia all'8ª Armata britannica nell'autunno 1944, conversa a Forlì con il generale australiano Bernard Freyberg, Comandante della 2ª Divisione australiana.

▲ Il contrammiraglio Louis Mountbatten, Comandante in Capo delle Operazioni Combinate.

# CAPITOLO 3
## L'OPINIONE DEI VERTICI MILITARI ITALIANI E TEDESCHI IN ITALIA

L'8 marzo 1943, con il messaggio n. 11339, il Comando Supremo italiano trasmise agli Stati Maggiori dell'Esercito, della Marina e dell'Aeronautica, il seguente messaggio:

*"Per norma si trasmettono seguenti informazioni che O.K.W. ha avuto da fonte che si pretende sia attendibile:*

*1°) Informazioni raccolte dal rappresentante del Ministero degli Esteri spagnolo a Tangeri, Ambasciatore Castilo, affermano che tra le voci in circolazione riferitesi ad imminenti operazioni degli Alleati è da prendere sul serio anzitutto quella concernente una prossima azione di sbarco in Sardegna.*

*2°) Secondo tali informazioni gli anglo – americani avrebbero l'intenzione di occupare la Sardegna e di servirsene quale base per attacchi aerei che a loro volta dovrebbero procedere altra operazione maggiore.*

*Tale operazione contro la Sardegna potrebbe essere lanciata a seconda degli sviluppi della situazione o prima o dopo le previste operazioni in Tunisia. Secondo contrariamente al parere molto diffuso particolarmente nei circoli politici che la creazione din un secondo fronte dovrebbe aver luogo nei Balcani o in Norvegia, oppure contemporaneamente in ambedue tali paesi, un membro del Secret Service attualmente a Lisbona opina che si avrebbe sempre l'intenzione di menare il colpo principale contro l'Italia".*

▲ Hitler, che era preoccupato di difendere la Romania, con i suoi grandi giacimenti di bauxite e cromo e i suoi grandi giacimenti petroliferi, vitali per l'economia di guerra della Germania, fin dall'autunno del 1942 aveva l'ossessione che gli Alleati potessero sbarcare in Grecia, impiantandovi attrezzati aeroporti per colpire gli obiettivi rumeni. Pertanto, si mostrò inizialmente preoccupato quando venne a conoscenza che i britannici intendevano sbarcare in Morea. Ma non sembra che poi nei giorni successivi le sue preoccupazioni fossero aumentate. Tanto è vero che nella seconda metà di maggio offrì a Mussolini l'invio di cinque nuove divisioni germaniche, per contribuire a proteggere l'Italia e le isole della Sardegna e della Corsica. Se aveva tanto timore per la Grecia poteva inviare le cinque divisioni a protezione della penisola ellenica, mentre invece, evidentemente, le riteneva più utili in Italia, e in Grecia, mandò soltanto una divisione corazzata, che arrivò a Salonicco nel mese di giugno 1943. Il Capo del Comando Supremo italiano, generale Ambrosio, sottovalutando l'importanza di quell'offerta, convinse Mussolini a riferire ad Hitler che erano accettate soltanto tre divisioni, per dislocarle una in Sicilia, una in Sardegna e una nella penisola italiana. Successivamente, a metà giugno 1943, quando la Sicilia e la penisola italiana appariva come il prossimo obiettivo degli Alleati, il Comando Supremo richiese all'OKW il trasferimento in Italia meridionale delle due divisioni tedesche. Arrivarono le divisioni corazzate 16ª e 26ª.

▲ Due grandi storici navali, che hanno descritto con obiettività quale fu l'esito finale dell'operazione "Mincemeat". A sinistra il Professor Ammiraglio Samuel Eliot Morison, a destra il capitano di vascello Stephen Wentworth Roskill.

▼ Carri Panzer IV G della 1ª Divisione corazzata (generale Walter Krüger) trasferita nel mese di giugno 1943 da Rennes (Francia) in Grecia. Nell'immagine la Divisione è a Salonicco con 60 carri tipo IV G (nell'immagine). In giugno ricevette i semoventi Wespe e Hummel, divenendo perfettamente operativa alla fine del mese.

Mentre le errate e false notizie sugli intendimenti degli alleati, si susseguivano generando allarmi, ma anche sospetti di depistaggio, e a Berlino vi era l'incertezza su dove il nemico sarebbe sbarcato, poiché ritenevano minacciate in Europa zone che andavano dalla Norvegia all'Egeo, a Supermarina non era sfuggito che l'attenzione del nemico, con i bombardamenti aerei, era rivolta alla Sicilia, con probabili zone di sbarco la parte occidentale e meridionale dell'Isola. come dimostra quanto è scritto in un suo promemoria del 4 aprile 1943, che riporto di seguito nella sua forma integrale[21]:

## SUPERMARINA
### 6 Aprile 1943-XXI

*EVENTUALI OBIETTIVI PER UNO SBARCO NEMICO IN SICILIA*

*1°) In relazione all'offensiva aerea nemica sulla Sicilia si osserva che sono stati eseguiti bombardamenti in forze, a scopo decisamente distruttivo, solo sui porti di Messina e Palermo. Per contro al nemico non può essere sfuggita l'attuale grande importanza del porto di Trapani come base di partenza per la Tunisia e punto d'appoggio ai convogli in transito, né il forte concentramento di navi che sovente si verifica in quel porto. Del pari non può essere sfuggita al nemico l'attività dei mezzi minori nel porto di Marsala e Porto Empedocle. Sembra perciò da considerare il fatto che nessun bombardamento sensibile sia stato effettuato contro tali porti, così come sugli altri porti minori della Sicilia meridionale.*

*2°) Pertanto, a meno che tali bombardamenti siano effettuati nel prossimo periodo, si ritiene che la mancata offesa nemica su tali porti debba attribuirsi alla necessità che di essi il nemico potrà avere in futuro, e perciò essere considerata non solo come una conferma del suo posto progetto nemico di attacco alla Sicilia, ma addirittura come un indice delle zone in cui lo sbarco avverrebbe e dovrebbe poi essere alimentato, e cioè le zone di Trapani-Marsala e costa meridionale dell'isola.*

In un promemoria sui colloqui di Klessheim (Salisburgo), del 7 aprile 1943 tra Mussolini e Hitler e i rappresentanti del Comando Supremo italiano e dell'OKW, è tra l'altro riportato[22]:

"*Circa i problemi mediterranei la preoccupazione tedesca è limitata a quella che si può avere per un teatro di guerra di secondaria importanza. Si vede la necessità di tenere a qualunque costo la Tunisia, per vincolare il più a lungo possibile le forze del nemico; si teme uno sbarco in Sardegna e in Sicilia, e si è disposti ad assicurare tutto il concorso possibile, ma si ha la tendenza a non devolvere i mezzi disponibili a scacchieri attualmente non attivi nella previsione siano attaccati. Non si ritiene probabile uno sbarco sulle coste meridionali della Francia; anche lo sbarco in Grecia è visto come non imminente, e in relazione all'atteggiamento della Turchia. Si ritiene che quest'ultima aspetterà molto prima di muoversi, in quanto la Bulgaria – per dichiarazione recente di Re Boris – scenderebbe in guerra contro di essa. Inoltre la Turchia è anche un elemento di manovra nelle mani inglesi, contro eventuali eccessive e pericolose pretese russe*".

Il 3 maggio 1943, con il documento protocollo N. 127711/OP dall'oggetto "*Situazione generale – Orientamenti*", trasmesso ai massimi comandanti delle ForzeArmate italiane nel momento in cui si stavano realizzando, sotto la direzione del Comando Supremo, i piani per la difesa della Sardegna e della Sicilia, il generale Vittorio Ambrosio, Capo di Stato Maggiore Generale, aveva scritto[23]:

"*Dobbiamo ritenere possibile che il nemico intenda tentare uno sbarco in forze nel Mediterraneo occidentale ancora prima di occupare la Tunisia: particolarmente esposte la costa francese mediterranea e la Sardegna, la cui eventuale perdita importerebbe la caduta della Corsica e darebbe al nemico le basi necessarie per agire contro la penisola. Padrone della Tunisia il nemico potrebbe invece tentare l'occupazione della Sicilia ed aprirsi così il transito nel Mediterraneo, per rivolgersi quindi all'Egeo ed alla Balcania*". In tale situazione assume preminente

---
21 Archivio Ufficio Storico Marina Militare (da ora in poi AUSMM), fondo *Promemoria di Supermarina*, cartella 2.
22 ASMEUS, *Condotta generale della guerra (Impressioni tratte dai vari colloqui – 7-10 aprile 1943-XXI)*".
23 Diario Storico del Comando Supremo, Documenti, maggio 1943.

*importanza per noi la preparazione della difesa delle coste italiane (Sardegna Corsica; Sicilia; Penisola) e, in concorso con l'Alleato, quella della costa francese Mediterranea ... La minaccia esterna di un tentativo di sbarco in Balcania appare meno imminente ...".*

Il 6 maggio 1943, nel corso di una riunione a Palazzo Venezia presso il Duce, presenti il generale Ambrosio, il maresciallo Kesselring, il suo capo di Stato Maggiore, generale Siegrfried Westphal, e il generale Paul Deichmann, Capo di Stato Maggiore della 2ª Luftflotte, furono discussi i problemi riguardanti la difesa del territorio italiano. Kesselring riferì di aver chiesto al Führer *"di inviare truppe per rinforzare la difesa in Mediterraneo"*, e Hitler rispose di mandare una divisione e di aver impartito l'ordine di ricostituire la Divisione Herman Göring, con i reparti che avrebbero dovuto andare in Tunisia e rimasti in Italia. In tal modo sarebbero state disponibili tre divisioni. Avendo Mussolini chiesto *"Di che specie sono queste divisioni"*, Westphal rispose: *"Quella per la Sicilia motorizzata, una in Italia dotata di mezzi per trasportare un solo reggimento, dislocata a Taranto, Napoli, Livorno, una in Sardegna in parte motorizzata"*. Il feldmaresciallo Kesselring aggiunse: *"Ma in Sicilia ci sono anche 56 carri armati dei quali 16 Tiger"*, ai quali si aggiungevano, su richiesta di Mussolini e risposta di Westphal, *"25 carri pronti per essere trasportati in Sardegna"*.

Da parte sua, il feldmaresciallo Kesselring si era reso conto che la Sicilia rappresentava l'unico ostacolo che avrebbe impedito agli Alleati di sbarcare nella penisola italiana attraverso lo Stretto di Messina, mentre la Sardegna, su cui ancora vi erano le incertezze italiane e di Berlino, sotto il punto di vista operativo non poteva dare grossi vantaggi poiché la sua eventuale conquista non avrebbe avvicinato gli anglo-americani allo stivale. Venne anche esclusa l'eventualità di un contemporaneo sbarco in Sicilia e in Sardegna, perché ciò avrebbe comportato l'impiego di forze che gli Alleati in quel momento non avevano. Collegando le notizie della ricognizione aerea con quelle comunicate dagli agenti dislocati nei territori nemici, che tra l'altro segnalavano la presenza a Malta di tre battaglioni di paracadutisti, Kesselring ebbe il convincimento che il prossimo obiettivo degli anglo-americani sarebbe stata la Sicilia. Ad alimentare questo suo convincimento, contribuì la ricognizione aerea dell'Asse sugli ancoraggi del Nord Africa Francese, che nel mese di giugno 1943 accertò la presenza di 548 unità da sbarco (atte al trasporto di 44.600 uomini e 3.610 veicoli), il 45% delle quali ubicato nella zona Orano-Algeri, il 34% in quella di Bougie Bona e il 21% nella zona Biserta Tunisi. A tutto ciò si aggiungeva la presenza sugli aeroporti di Malta di circa 400 velivoli, evidentemente da impiegare per appoggiare le operazioni di sbarco, e a cui se ne aggiungevano altre centinaia nella vicina Tunisia e nella conquistata isola di Pantelleria, sulle cui spiagge i britannici sbarcarono senza opposizione italiana il 10 giugno[24].

*\*\*\**

Vediamo ora come gli italiani appresero quali fossero i reali scopi dell'Operazione "Mincemeat, sulla base di due documenti, datati 8 maggio, che fino a quando, nel 2021, non ho scritto il mio saggio *"L'uomo che non è mai esistito"* per il sito *academia.edu*, erano rimasti inediti[25].

Del ritrovamento dei documenti portati dal maggiore Martin Supermarina fu subito informata dall'Ufficio Germanico Protezione Traffico del Comando della Marina Germanica in Italia, con il messaggio 1905 delle ore 04.00 del 10 maggio 1943, consegnato a mano. I locali della Marina germanica si trovavano accanto a quelli di Supermarina, ed erano strati trasferiti dal Palazzo Marina del Lungotevere delle Navi a Santa Rosa (Roma - La Storta), sulla via Cassia, dove si trovava la sede di campagna di Supermarina, oggi Comando della Squadra Navale.

Il messaggio, discusso era stato trasmesso dal 1° Reparto della Seekriegsleitung a Berlino alle ore 21.55 del 9 maggio, e riportava testualmente:

---

24 Francesco Mattesini, *La partecipazione tedesca alla Guerra aeronavale nelMediterraneo (1940-1945)"* (coautore per la parte politica Alberto Santoni), Edizioni dell'Ateneo & Bizzarri, Roma, 1980 (2ª Edizione, Alberelli, Parma, 2005), pp. 292-293.

\* Ha scritto lo storico britannico G.A. Shepperd nel suo bel libro *"La campagna d'Italia 1943-14945* (dall'inglese *The Italian Campaign 1943-1945)*, p. 43, che: *"Kesselring era convinto che gli allearti avrebbero limitato i loro attacchi al raggio effettivo dei caccia con base a terra, e che avrebbero colpito la Sicilia piuttosto che la Sardegna, come possibile preludio a un'avanzata attraverso la penisola italiana verso i Balcani. Le truppe tedesche vennero quindi disposte di conseguenza"*.

25 Francesco Mattesini, *L'uomo che non è mai esistito. In riferimento al film "L'uomo che non è mai esistito". L'operazione "Mincemeat" che non trasse in ingannò i Comandi dell'Asse in Italia*, Roma, novembre 2021, nella pagina dell'Autore del sito *academia edu*.

*Riservato alla persona:*

K O in Spagna comunica che è stato messo in terra in Spagna un corriere inglese. Aveva con se una lettera personale del Chief of the Imperial Generale Staff indirizzato al generale Alexander in data 23 aprile.

1) Sono progettate due imprese di sbarco, nominativo "HUSKY" et "BRIMSTONE".

2) "HUSKY" probabilmente significa Grecia. Ad ogni modo est previsto il rinforzo della 5ª Divisione per attaccare Capo ARAXAS et della 56ª Divisione per attaccare Calamata.

3) "BRIMSTONE" significa probabilmente una impresa nel Mediterraneo occidentale.

4) Sono previste per l'impresa "HUSKY" una impresa finta nel Dodecaneso e per l'impresa "BRIMSTONE" una impresa finta sulla Sicilia.

K O in Spagna manderà copia degli originali.

Segue l'originale della lettera sull'operazione "Mincemeat" che i tedeschi, tramite il 1/SKL, avevano prontamente trasmesso a Roma alle 21.55 del 9 maggio 1943:

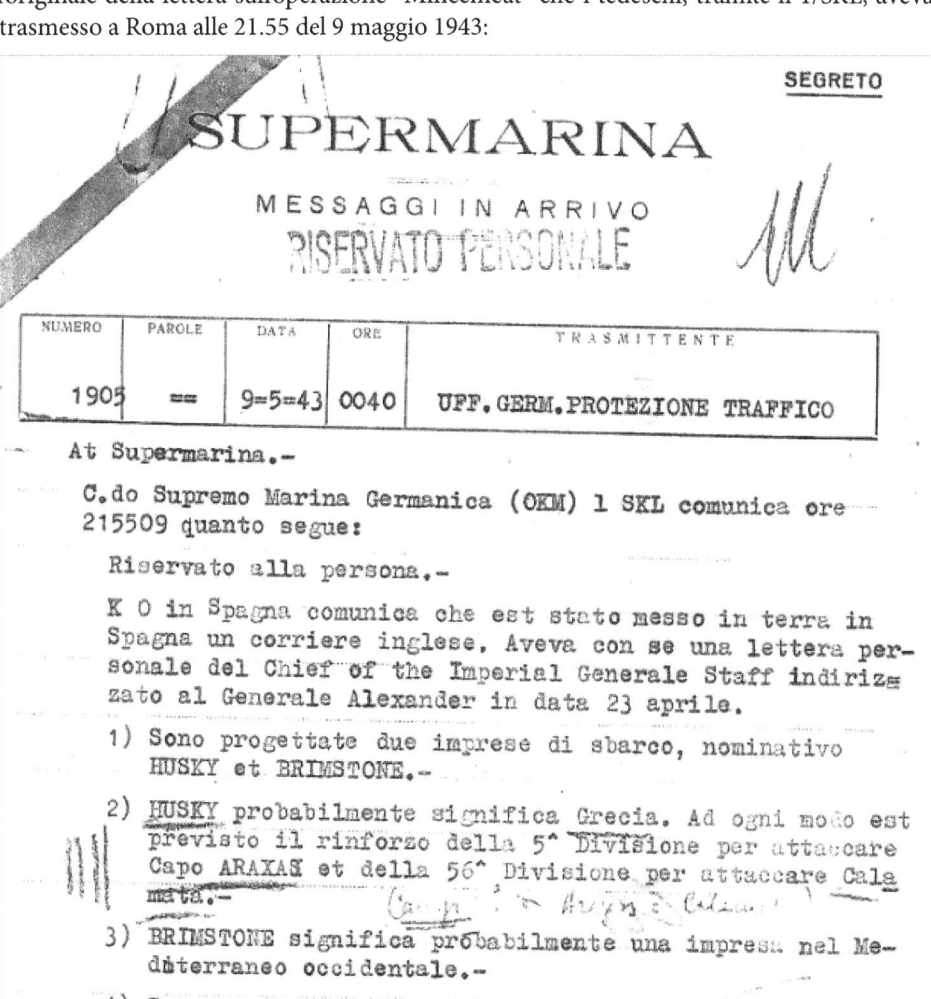

Sull'argomento uno scrittore storico britannico, Ben Macintyre, ha scritto: "*Una spia britannica negli ambienti del governo italiano aveva riferito che le informazioni sulla carne tritata erano arrivate a Roma "attraverso gli spagnoli e non direttamente tramite i tedeschi". Confermava che lo Stato Generale spagnolo aveva fatto le proprie copie dei documenti e li aveva trasmessi agli italiani. "L'Alto Comando italiano ha i dettagli della lettera e l'ha accettata come genuina". Lo riferì ai tedeschi l'ambasciatore italiano a Madrid di aver ottenuto le "informazioni da un assoluto fonte inconfutabile in cui il nemico intende effettuare operazioni di sbarco in Grecia in un futuro molto prossimo". L'ambasciatore tedesco aveva trasmesso la notizia, ormai non più nuova, a Berlino. È un modo intrigante quello di commentare lo stato dell'alleanza dell'Asse, ossia che gli italiani avevano consegnato questa informazione di alto livello ai tedeschi, ma i tedeschi, che lo sapeva da molto più tempo, non si sentiva obbligato a farlo condividere informazioni con i loro alleati italiani*".

Leggendo tutto ciò il lettore, in particolare anglosassone, può farsi un'idea a che punto possa arrivare la manipolazione e il livore di chi è perlomeno uno storico male informato.

Il testo del documento che tuttavia era incompleto, trattandosi del contenuto di una delle due lettere, quello più importante del generale Edward Nye, riportava chiaramente che lo sbarco in Sicilia sarebbe avvenuto soltanto per depistaggio, cosi come quello nel Dodecaneso poiché l'obiettivo era invece indicato in località costiere della Morea (Grecia occidentale), dove erano importanti aeroporti con velivoli da caccia italiani per la protezione, nello Ionio orientale, del traffico navale tra l'Italia e la Grecia. È importante sottolineare che nel documento si riportava dell'invio a Roma di copia degli originali dei documenti (che fu fatto), ciò che smentisce ogni altra illazione.

Supermarina, alla cui direzione vi era il Sottocapo di Stato Maggiore della Marina ammiraglio di squadra Luigi Sansonetti, anche in seguito all'arrivo di altre informazioni dalla Spagna, peraltro depistanti, datate anch'esse 9 maggio 1943, compilò subito una lettera per il Comando Supremo, che però non fu spedita, evidentemente per decisione del Sottosegretario di Stato e Capo di Stato Maggiore della Regia Marina, ammiraglio Arturo Riccardi, che avrebbe dovuto formarla, e di cui porta la sigla.

Essendo ugualmente un documento della massima importanza per farci capire quale fosse in quel momento l'opinione di Sansonetti, il quale rimase convinto che la falsa lettera inviata dalla SKL fosse vera, la riportò di seguito nella sua forma originale[26]:

"*Intenzioni operative del nemico.*

*SEGRETO – RISERVATO – PERSONALE*

*1.     Si segnalano come particolarmente attendibili le tre informazioni allegate.*

*2.     La prima (allegato 1) e la seconda (allegato 2) concordano nel ritenere imminente l'esecuzione di operazioni di sbarco in Mediterraneo Occidentale e nell'escludere siano dirette contro le coste e le isole della Spagna.*
*Restano quindi, quali probabili obiettivi, la costa della Provenza, la Sardegna e la Sicilia.*
*L'intensificarsi delle azioni aeree sui porti siculi, i vantaggi derivanti dalla conquista delle posizioni della Tunisia, la possibilità di ottenere il controllo del Canale di Sicilia mediante il possesso della Sicilia occidentale porterebbero a concludere che questa è l'operazione che il nemico tenterà per prima.*
*Però lo schieramento attuale dei mezzi di sbarco è maggiormente predisposto per un attacco alla Sardegna[27].*
*Fino a quando tale schieramento non venga modificato e fino a quando non siano eseguiti i lavori per la messa in efficienza anche parziale delle posizioni navali ed aeree della Tunisia (dragaggio – apertura anche parziale dei porti e degli aeroporti), si deve ritenere che il primo obiettivo del nemico sia la Sardegna e che eventuali azioni contro la Sicilia (come quelle aeree dell'8-9 maggio) siano una finta od abbiano altri scopi contingenti (rendere difficile il rifornimento e la protezione aerea delle nostre forze concentrate sulla penisola di Capo Bon).*

---

26 AUSMM, *Promemoria dell'Ammiraglio Sansonetti*, cartella n. 2.
27 Lo schieramento degli Alleati in Marocco e Tunisia era logico dal momento che si combatteva ancora in Tunisia, con le forze tedesche e italiane ridotte tra Biserta e la Penisola di Capo Bon. Si sarebbero arrese il 12 e il 13 maggio.

*3.*    *Tale apprezzamento trova conferma nella terza informazione (allegato 3). Questa prevede due operazioni di sbarco, una nel Mediterraneo Occidentale, con finta verso la Sicilia ed obiettivo principale non precisato, ma che sembra logico supporre sia la Sardegna, ed una nel Mediterraneo Orientale che comprenderebbe una finta contro il Dodecaneso ed un'azione effettiva contro la Morea mirante all'occupazione dei campi di aviazione di Araxos e di Calamata.*
*Queste precisazioni rendono particolarmente attendibile l'informazione.*
*L'operazione nel Mediterraneo Orientale diretta contro la zona più debole del nostro schieramento per la conquista di obiettivi di primaria importanza per le successive operazioni aeree risulta molto probabile.*
*Tuttavia per un'operazione del genere è necessaria una preventiva concentrazione in Levante di unità navali da trasporto e per la scorta ai convogli. Il deflusso di tali unità attraverso il Canale di Sicilia richiede qualche tempo e, comunque, non dovrebbe passare inosservato.*

*4.*    *In conclusione, allo stato attuale delle cose si deve presumere imminente un'operazione diretta alla occupazione della Sardegna, meno probabili risultano operazioni verso altri obiettivi.*

*IL CAPO DI STATO MAGGIORE"*

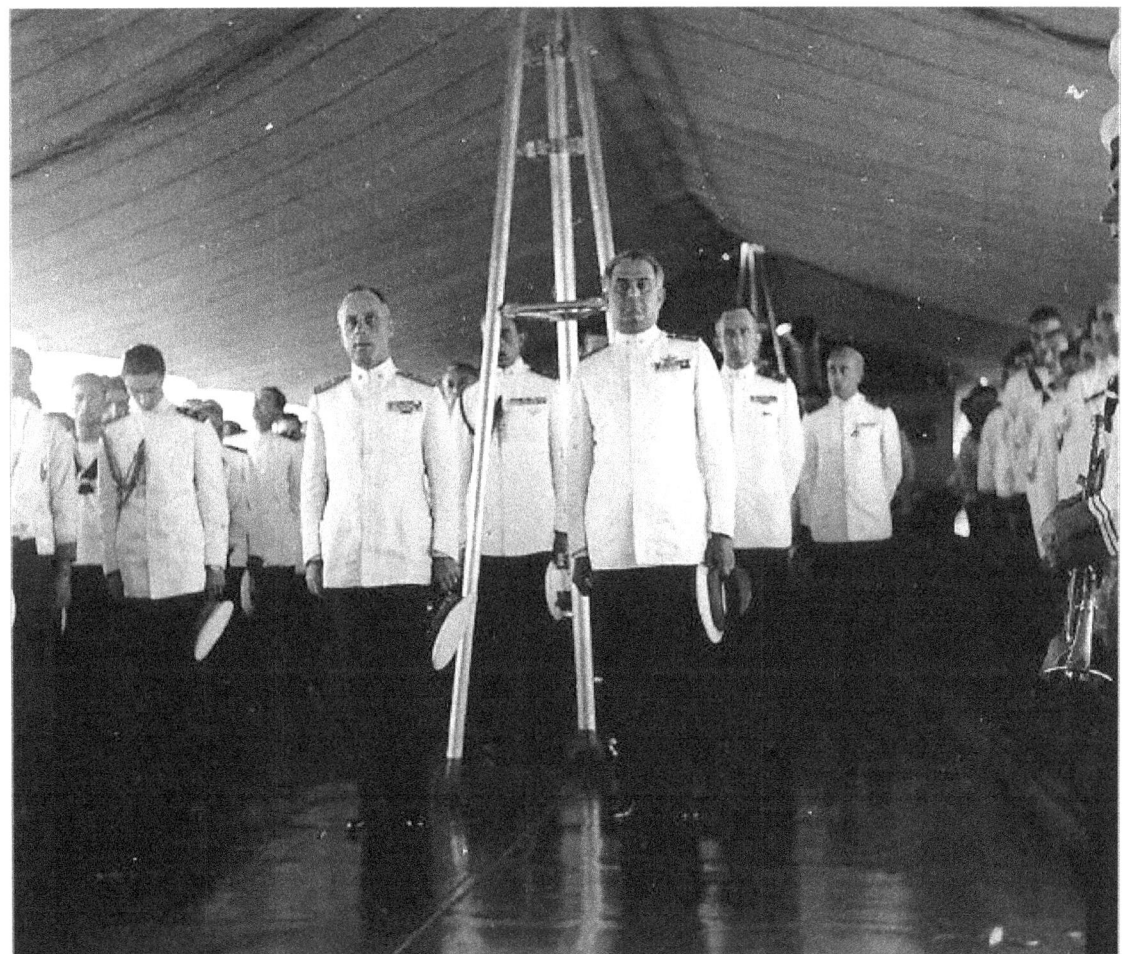

▲ Davanti a sinistra, l'ammiraglio Luigi Sansonetti, Sottocapo di Stato Maggiore della Regia Marina, qui ripreso mentre comandava la 7ª Divisione Navale. Alla sua destra il capitano di vascello Francesco Rogadeo comandante dell'incrociatore *Muzio Attendolo*.

I tre citati Allegati (vedi Documento n. 4), erano datati 9 maggio 1943. Il primo arrivato con messaggio n. 33877 da fonte fiduciaria germanica, riportava:

*Si ritiene come imminente (anche fine settimana) operazione di sbarco anglo – americana con obiettivo Francia meridionale aut isole tirreniche* [Sardegna e Sicilia].

Il secondo allegato arrivato con messaggio n. 33874 riportava:

*Fonte particolarmente attendibile riferisce che Ammiraglio Gibilterra in conversazione con Ufficiale spagnolo ha accennato che sbarco est questione di giorni (alt) Si ritiene fermamente che debbano escludersi operazioni contro territori aut isole spagnole.*

Il terzo allegato, era quello spedito dalla SKL, che nella lettera di Supermarina non spedita veniva considerato attendibile per lo sbarco in Sardegna e anche nella Morea.
È da ritenere che l'opinione di Sansonetti non fosse stata condivisa dall'ammiraglio Arturo Riccardi, il quale non riteneva che la Sardegna fosse l'obiettivo sicuro dell'atteso sbarco nemico. Essendo della stessa opinione di Mussolini, di Kesselring, dell'ammiraglio Friedrich Ruge, Comandante della Marina germanica in Italia, del generale Vittorio Ambrosio, Capo di Stato Maggiore Generale (Comando Supremo), e del generale Mario Roatta, Comandante della 6ª Armata in Sicilia (poi sostituito dal generale Alfredo Guzzoni e promosso il 1° giugno Capo di Stato Maggiore dell'Esercito), Riccardi era convinto che l'intendimento primario degli Alleati sarebbe stato rivolto alla Sicilia. Il generale Ambrosio aveva fatto una visita in Sardegna per rendersi conto delle difese dell'isola, e rientrato a Roma l'8 maggio mandò un appunto a Mussolini per informarlo che le coste sarde rendevano difficile uno sbarco, tranne in un paio di punti, e che non riteneva probabile che gli Alleati vi sarebbero sbarcati. L'intelligentissimo generale Roatta, oltre alla Sicilia, considerava come particolarmente minacciate le coste dell'Italia meridionale, poiché gli Alleati (e aveva ragione) avrebbero potuto raggiungere i Balcani molto più facilmente e rapidamente che attraverso Creta e Rodi[28]. Per cui Ambrosio arrivava alle seguenti conclusioni di un analisi perfetta, ben compresa da Mussolini[29]:

*"Tutto sommato, ritengo che siano poche le probabilità di un attacco alla Sardegna e in ogni modo ritengo che esse siano di molto minori di un tentativo d'invasione contro la Sicilia, la cui posizione strategica rappresenta un ostacolo ben più grande nel bacino mediterraneo per i nostri avversari. La conquista della Sicilia non presuppone un'ulteriore operazione, ma può essere fine a se stessa perché dona al nemico la sicurezza del movimento, diminuisce l'impegno per le sue forze navali e la perdita del suoi naviglio mercantile: rappresenta, cioè, da sola un obiettivo di reale e preminente importanza al quale tendere con ogni sforzo e con ogni rischio".*

Nel frattempo a Berlino era stato valutato il materiale arrivato da Madrid, e fu data fiducia all'autenticità dei piani contenuti in una delle lettere, naturalmente quella del generale Nye. E mentre venivano avvertiti i Comandi del Mediterraneo, l'11 maggio si svolse una riunione presso l'OKW. Non essendovi documenti sulla riunione, non sappiamo quali sia stata la reazione di Hitler, ma il giorno seguente il Führer, mostrandosi allarmato (secondo alcune tesi del dopoguerra), diramò un ordine in cui, sostenendo che le località più minacciate dal nemico erano, *"nel Mediterraneo occidentale Sardegna, Corsica e Sicilia; in quello orientale il Peloponneso e le isole del Dodecaneso"*, i comandi a cui era affidata la difesa del Mediterraneo dovevano agire con tempestività a qualunque tentativo di sbarco, e che le *"misure riguardanti Sardegna e Peloponneso"* dovevano avere *"precedenza assoluta su tutto il resto[30]"*.
Il 12 maggio, l'OKW mise in guardia il feldmaresciallo Kesselring, trasmettendo: *"Da fonte assolutamente attendibile risulta che un tentativo di sbarco nemico si grande scala sarà compiuto, nell'immediato futuro nel Mediterraneo orientale e occidentale"*. Seguiva un riassunto del contenuto delle lettere del corriere inglese annegato, da portare alla conoscenza del grande ammiraglio Karl Dönitz, Capo della Marina germanica, che in quel momento si trovava a Roma per un convegno con Supermarina, e del Comando Supremo italiano.

---

28 Schreiber, p. 117.
29 Benito Mussolini, *Storia di un anno. Il tempo del bastone e della Carota*, Mondadori, 1944-XXIII, p. 41-42.
30 Schreiber p. 344-345.

Sempre lo stesso giorno 12, in serata, arrivarono dall'Ambasciatore tedesco a Madrid, Hans-Heinrich Diekhoff, altre notizie fornite, *"sotto vincolo di segreto"*, dal Ministro degli Esteri spagnolo Francisco Gómez-Jordana Sousa, su un grande attacco degli americani contro il sud dell'Europa entro le due prossime settimane. Si sosteneva[31]:

*Il piano (come l'informatore ha potuto accertare per diretta visione di documenti segreti inglesi) prevede due finte contro la Sicilia e il Dodecaneso, mentre la vera offensiva premerà contro due obiettivi principali, Creta e il Peloponneso. Alessandria sarà il punto di raccolta più importante del nemico nel Mediterraneo orientale, e Algeri in quello occidentale. Dal documento risulta che l'attacco nel Mediterraneo orientale sarà soprattutto degli inglesi e quello contro l'Italia soprattutto dagli americani". … Jordana … ha precisato che, tenuto conto della fonte, egli crede che l'informazione sia sicurissima e pensava fosse suo dovere comunicarcela.*

A Roma, nella riunione svolta il 13 maggio a Palazzo Venezia presso il Duce, presenti il grande ammiraglio Dönitz, il generale Ambrosio, gli ammiragli Giovanni Bernardi e Giuseppe Bertoldi (addetto navale a Berlino), e il generale Enno von Rintelen (Ufficiale Addetto dell'OKW presso il Comando Supremo italiano), Mussolini disse:

"*Non conosciamo i piani degli anglo-americani. Vi è la possibilità di un attacco contro la Sicilia e la Sardegna. Secondo il mio punto di vista più probabile la Sicilia .. Per quanto riguarda le forze, non abbiamo bisogno di uomini; ne abbiamo. Il Fuhrer aveva proposto 5 divisioni* [da inviare in Italia]. *Ritengo sino troppe, ne bastano 3, purché siano divisioni con molti mezzi, che assicurino rapidi avvicinamenti e carri*".

Alle richieste di Mussolini, che riguardavano anche l'invio di 30 squadriglie di aerei da bombardamento e 20 squadriglie da caccia, Hitler aveva risposto che le tre divisioni sarebbero state mandate, che disponevano di sei battaglioni di carri armati (circa 300), che avrebbe mandato in Sicilia 50 batterie (200 cannoni), e che sarebbero state inviate in Italia 50 squadriglie di aerei (vedi Documento n. 5 ). Dopo questi aiuti, per intervento del feldmaresciallo Kesselring accolta dal generale Ambrosio, nel mese di giugno furono inviate in Italia altre

▲ Il generale Vittorio Ambrosio, capo del Comando Supremo, a destra nella foto, in accordo di idee con l'ammiraglio Riccardi (nella foto di sinistra accanto all'ammiraglio Doenitz) era assolutamente convinto che lo sbarco degli Alleati si sarebbe svolto in Sicilia.

---

31 Frederick W. Deakin, *Storia della Repubblica di Salò*, (traduzione di Renzo De Felice), Enaudi, Torino, 1963.

▲ L'ammiraglio Arturo Riccardi, Capo di Stato Maggiore della Regia Marina, accompagna Mussolini che passa in rassegna gli equipaggi delle unità navali italiane a Taranto nel giugno del 1942.

tre divisioni, tra cui la 1ª paracadutisti che si trovava nella Francia Provenzale, e due corazzate (16ª e 56ª) e che furono dislocate nell'Italia meridionale tra la Campagna e le Puglie. La situazione cambio dopo il 25 luglio con la caduta di Mussolini e l'arrivo a capo del Governo del maresciallo Badoglio. A questo punto Hitler, che con l'amico Mussolini era stato sempre generoso nei limiti del possibile, non si fidava più dei responsabili italiani, e dal suo punto di vista lungimirante aveva ragione.

Lo storico deve sempre distinguere le qualità militari di Hitler da quelle della sua innegabile criminalità. Differente è quando si fa una bibliografia di Hitler, mettendone in rilievo le moltissime nefandezze.

Il 14 maggio, in un colloquio con il grande ammiraglio Dönitz, di ritorno da Roma[32], Hitler disse di non essere d'accordo con Mussolini, che si era mostrato convinto che il punto più probabile dello sbarco nemico sarebbe stato in Sicilia, ma da parte sua sostenne la convinzione che l'invasione si sarebbe verificata principalmente contro la Sardegna e il Peloponneso. I documenti del corriere affogato lo confermavano. Quanto ai piani d'invasione dell'Italia insulare e meridionale degli Alleati, come risultava dalle molte informazioni d'intelligence e di rappresentanti di governi amici, non erano altro che il preludio ad un'operazioni di sbarco a vasto raggio lungo le coste occidentali della Grecia e dell'Adriatico. Se queste operazioni fossero riuscite, avrebbero potuto comportare un eventuale collasso italiano, che avrebbe avuto subito ripercussioni gravi e dirette nell'Europa occidentale e immediatamente dopo sul fianco meridionale delle armate tedesche sul fronte russo.

Questa temuta minaccia fu discussa da Hitler, come vedremo, in una conferenza militare del 19 maggio, e nell'occasione *"per la prima volta furono esaminati in termini pratici i movimenti delle truppe tedesche in Italia per fronteggiare tale eventualità"*, arrivando a concludere: *"Non ci si può fidare degli italiani, però d'altra parte sono convinto che se dovesse succedere una porcheria in Italia, ce la caveremo con forze relativamente scarse, specialmente dato che i primi gruppi avanzati di combattimento arriveranno colà entro dieci giorni. Era previsto di poter inviare in Italia con sessanta treni al giorno una divisione ogni due giorni"*[33].

Lo stesso giorno 19 maggio l'ambasciatore Diekhoff parlò con il Ministro della Marina spagnola Moreno Fernandez, il quale si disse convinto che gli anglo americani, che avevano un numero di navi imponenti nei porti del Nord Africa (800 navi fu riferito a Hitler), erano in procinto di sferrare presto l'attacco all'Europa meridionale. E confermava che gli obiettivi sarebbero stati la Grecia e l'Italia.

Anche il Capo del 3° Reparto della SKL, nel fare il 19 maggio il suo apprezzamento della situazione all'ammiraglio Dönitz, fece conoscere che: da *"una relazione sulle operazioni progettate in Mediterraneo sulla base dei documenti nemici catturati. Vi è stabilito che entrambe le operazioni debbano aver luogo contemporaneamente e che anche nel Mediterraneo orientale si hanno grandi preparativi, **sui quali sono finora pervenute meno informazioni che non nel settore algerino**"* (il grassetto è dell'autore)[34].

A Roma non appare che ci sia stata la stessa agitazione di Berlino. L'argomento Sicilia fu affrontato il 17 maggio 1943 in un colloquio svoltosi a Palazzo Venezia presso il Duce, presenti Ambrosio, Kesselring e von Rintelen (vedi Documento n. 6). Dal colloquio si capisce che la preoccupazione di uno sbarco nemico non andava ricercata sugli obiettivi che periodicamente gli Alleati intendevano far credere ai Comandi Italiani e tedeschi, ma che i due obiettivi essenziali erano considerati la Sicilia e la Sardegna; ma vi era preoccupazione anche per la difesa aerea dell'Italia. Nessun accenno era fatto ad uno sbarco nemico nella Morea e Dodecaneso. Poiché l'operazione era prevista con partenza dei movimenti nemici da Malta e dalla Tunisia, era chiaro che la Sicilia appariva la più minacciata e quindi rappresentava il vero obiettivo del nemico. Inoltre dal verbale si comprende come gli italiani insistevano per ricevere gli aiuti tedeschi in Sicilia, che prima avevano rifiutato

---

32 Nei suoi colloqui a Roma l'ammiraglio Dönitz si recò da Mussolini, che disse preoccupato che la Sicilia era *"in grandissimo pericolo"*. Il Duce chiese che i rinforzi, per le tre divisioni tedesche da inviare in Italia, comprendessero 300 carri armati, per tre battaglioni da trasferire 2 in Sardegna, 3 in Sicilia, e 1 nell'Italia meridionale. Non parlarono della difesa della Grecia. Dönitz disse a Mussolini che Hitler voleva inviare in Italia anche la Divisione Herman Göring e la 7ª Divisione paracadutisti. Sull'udienza con Vittorio Emanuele III, il grande ammiraglio riferì a Hitler: *"Accoglienza calorosa, che da l'impressione di una persona saggia e di esperienza. Il Re è animato e vivace ed ha una buona memoria"*. Cfr., *Visita del Comandante in Capo della Marina a Roma dal 12 al 14 maggio 1943"*. Ma l'indomani, 15 maggio, Vittorio Emanuele III scrisse in un suo Appunto; *"Si deve ora far di tutto per tenere il paese unito, e non fare discorsi retorici a sfondo solo fascista. Bisogna mantenere stretti contatti con l'Ungheria, la Romania, e la Bulgaria che amano poco i tedeschi; non si dovrebbe dimenticare di fare le possibili cortesie agli uomini dei governi dell'Inghilterra e dell'America. Bisognerebbe pensare molto seriamente alla possibile necessità di sganciare le sorti dell'Italia da quelle della Germania, il cui crollo interno potrebbe essere improvviso come il crollo dell'Impero Germanico nel 1918"*.

33 Frederick W. Deakin, *Storia della Repubblica di Salò*, Edizioni Giulio Einaudi, Torino, 1963, p. 346-347.

34 1.Skl 1451/43 gKdos. Chefs.

[accettando soltanto tre divisioni sulle cinque che Hitler aveva proposto a Mussolini d'inviare in Italia], e che questi aiuti, come promesso dal Führer, stavano arrivando. Il feldmaresciallo Kesselring, appena tornato da una visita in Sicilia, riferì che le forze tedesche sull'isola erano composte da tre soli reggimenti, ciascuno su due battaglioni, ma ancora senza artiglieria, e 56 carri armati che destinati alla Tunisia, erano stati trattenuti[35]. L'Operazione "Mincemeat", che non aveva ingannato i massimi capi militari italiani e tedeschi a Roma su uno sbarco in Grecia, come speravano i britannici, la possiamo chiaramente definire, per la sua inutilità, come vera Operazione *Cadavere*, e per nulla geniale, perché prevedibile, tanto che molti ufficiali superiori degli Alleati erano stati contrari alla sua realizzazione, poi autorizzata, probabilmente per far piacere ai britannici, dal generale Eisenhower.

Ma neppure i tedeschi stavano cascando nell'inganno britannico. In un "*Apprezzamento generale della situazione*" compilato dalla Seekriegsleitung e datato 20 maggio 1943, riguardo al Mediterraneo si affermava che soltanto nel Nord Africa erano presenti forze e materiali per "*una grande operazione*" da attendersi nel Mediterraneo occidentale. E si specificava: "*La debolezza dell'Italia offre il massimo incentivo ad un attacco alle grandi isole italiane e all'Italia continentale con l'obiettivo di eliminare definitivamente l'Italia dal conflitto e di costruire un fronte nell'Europa meridionale in direzione delle Alpi*".

Riguardo alla Grecia, sebbene vi fosse una certa preoccupazione per un piano britannico (l'Operazione "Mincemeat") da realizzare "*contestualmente ad un'operazione nel Mediterraneo occidentale, uno sbarco in Grecia con un contemporaneo attacco diversivo nel Dodecaneso*", era però riportato, inequivocabilmente: "*Al momento, il **settore balcanico** non appare immediatamente minacciato da sbarchi, non trovando finora conferma le notizie sul concentramento di mezzi da sbarco e di truppe in Siria, Palestina e Cipro*[36]".

Da qui si comprende chiaramente che le preoccupazioni della SKL erano in qual momento rivolte al Mediter-

▲ Lo stesso convincimento di Riccardi e Ambrosio era dell'intelligentissimo generale Mario Roatta, Comandante della 6ª Armata italiana in Sicilia, e poi all'epoca dello sbarco Capo di Stato Maggiore dell'Esercito.

---

35 ASMEUS, fondo *H 10*, cartella n. 10.
36 M. Salewski, *Die deutesche Seekriegsleitung, 1935-1945*, Volume 111: DenkscIniften and Lagebtrachtungen 19, 38 – 1944, Bernard & Graefe, Frankfurt am Mein, 1973, p. 339-346. Traduzione di Augusto De Toro.

▲ Anche il vice ammiraglio Friedrich Ruge, Comandante della Marina Germanica in Italia era della stessa idea dei vertici militari italiani in meiro al sicuro sbarco degli alleati in Sicilia.

raneo occidentale, e pertanto i due obiettivi preminenti non potevano essere che la Sicilia e la Sardegna. Erano in queste due isole che era stato pianificato l'arrivo di rinforzi di uomini e mezzi tedeschi.

Un'altra informazione di depistaggio arrivò da Lisbona, come risulta da un Promemoria del Capo del Servizio Informazioni della Marita (SIS) del 28 maggio 1943, in cui il generale Cesare Amé, Capo del Servizio Informazioni Militari del Comando Supremo (SIM), descriveva una conversazione, ritenuta attendibile, che si era svolta fra una personalità inglese e una portoghese, scrivendo:

*"La campagna d'Africa è finita.*

*Il salto in Europa dovrà realizzarsi senza frapporre tempo.*

*Per questo motivo alle nostre truppe non sarà concesso lungo riposo. Ogni ritardo potrebbe essere pregiudizievole, dato il potere organizzativo del nemico.*
*Riteniamo necessario approfittare del fattore morale: il morale delle nostre truppe, oggi, è altissimo. Esso non è mai stato così.*

*In che modo realizzereste il salto?*

*È un segreto degli Stati Maggiori. Esso non avverrà, però ove tutti credono.*
*Abbiamo bisogno di un grande portaerei fisso nel Mediterraneo, che serva di base per tutte le operazioni di penetrazione in Europa, le quali (non ci facciamo illusioni) saranno costose e dure.*

*La Sicilia?*

*No. – L'attacco a questa isola sarebbe, per il momento, una avventura molto costosa e senza certezze di risultati.*

▲ L'Ambasciatore della Germania a Madrid Hans-Heinrich Diekhoff nella sua residenza.

*Sbarcheremo prima in Sardegna: questa ci servirà da portaerei e di base per il salto nel Sud della Francia. Anche con la conquista della Sardegna, libereremo il Mediterraneo il che ci consentirà libertà di movimenti, che, ad onta di tutto, ancora non abbiamo.*
*Certamente le resistenza sarà grande e la impresa è difficile: ma noi non possiamo tentennare d'innanzi ai sacrifici che ci attendono. Quello che per noi conta è l'esito finale e questo lo otterremo.*
*Cominceremo, ripeto, colla Sardegna, per la conquista della quale sono in corso grandi preparativi con partecipazione di tutte le armi e specialmente dell'aviazione.*
*La Sardegna sarà il preludio della conquista dell'Europa: nella relativa impresa, noi facciamo grande affidamento nell'entusiasmo delle truppe francesi che, ora, sono nel Nord Africa e che attendono con ansia di vendicare l'affronto".*

Il 5 giugno 1943, in un periodo in cui vi sarebbe dovuto essere allarme per la difesa della Grecia, secondo quanto era riportato nelle lettere del fantomatico maggiore Martin, e sulle depistanti informazioni confidenziali che arrivavano da Lisbona, Superaereo, il Comando operativo della Regia Aeronautica, faceva il seguente apprezzamento della situazione e intendimenti degli anglo-americani (vedi Documento n. 7)[37]:

*"Lo spostamento di mezzi da sbarco da ponente a levante transitanti nel Canale di Sicilia potrebbe far sembrare – a parere di Supermarina – che Algeri e Tripoli costituiscono attualmente basi arretrate di preparazione di forze da sbarco per un attacco alla Sicilia. ...*
*Degno di rilievo è l'aumento dei mezzi da sbarco dislocati a Biserta verificatisi con carattere di continuità in questi ultimi tre giorni".*

Sulla base delle numerosissime informazioni ricevute da agenti dei servizi segreti, persone di fiducia, intercettazioni, e dalle ricognizioni aeree, in Italia non si aveva la matematica certezza di dove gli Alleati sarebbero sbarcati in Europa, tante erano le possibilità che partendo dalla Spagna arrivavano al Dodecaneso. A tale riguardo il colonnello Ernest Zolling, che all'epoca ricopriva la carica di Capo Ufficio Informazioni dell'OBS, scrisse tra l'altro, in una sua relazione del 29 ottobre 1947, da me rintracciata e pubblicata in forma inedita nel 1980[38]. (Per la forma originale vedi il Documento n. 10):

*"Per quanto fosse conosciuta, per lo meno dal punto di vista generale, la dislocazione dei reparti alleati non si potevano invece azzardare previsioni sulla condotta della guerra che avrebbe tenuto il nemico. Il servizio informazione degli alleati riuscì in quel tempo a mascherare assai bene i propri piani. Ciò fu ottenuto no attraverso la conservazione del più assoluto segreto, ma invece mediante la propaganda di un gran numero di notizie riguardanti probabili operazioni di sbarco che attraverso diverse fonti arrivavano al Comando tedesco, di cui in parte si contraddicevano e parte invece risultavano confermate. Era difficile nel gran numero di notizie pervenute distinguere il probabile dal vero.*
*Come obiettivo di sbarco vennero ripetutamente indicate la Spagna, la Francia meridionale, l'Italia e la Grecia. Una speciale notizia di assoluta fiducia pervenuta a metà maggio parlava della Sardegna e del Peloponneso [operazione "Mincemeat"].- Anche la concentrazione delle forze alleate al centro della costa nord-africana di per se stesso non forniva una valida e sicura indicazione per prevedere le decisioni del Comando alleato. In definitiva i porti algerini e tunisini erano gli unici disponibili nel Mediterraneo occidentale e centrale da cui poter partire per eventuali operazioni di sbarco contro le coste meridionali europee.*
*L'OBS ritenne in prima linea probabile lo sbarco nella zona dove esso esercitava il suo Comando, e cioè nella penisola appenninica e nelle isole adiacenti".* Questa convinzione venne rafforzata da concomitanti notizie di agenti ed a metà giugno dall'avvenuta conquista delle isole di Pantelleria e Lampedusa (che però poteva essere interpretata come azione di mascheramento) nonché dai sempre più violenti e numerosi attacchi aerei degli alleati contro le sistemazioni dell'Aviazione dell'Asse e contro le linee di collegamento e di traffico nella zona italiana".

Quindi, secondo l'opinione del colonnello Zolling, lo sbarco poteva avvenire in Italia, in Sicilia e in Sardegna,

---

37 Archivio Stato Maggiore Aeronautica Ufficio Storico (da ora in poi ASMAUS), fondo *M.3*, cartella 36.
38 Francesco Mattesini & Alberto Santoni, *La partecipazione tedesca alla guerra aeronavale nel Mediterraneo (1940-1945)*, p. 370-371.

ma non in Grecia come volevano far credere i falsi documenti dell'operazione "Mincemeat".

A partire dalla metà del mese di giugno, l'OBS era convinto che l'operazione di sbarco del nemico era ormai prossima e poiché occorreva stabilire con certezza ove il colpo sarebbe stato sferrato, vennero impiegati a scopo informativo tutti i mezzi disponibili: servizio informazioni, intercettazione radiotelegrafica, ricognizione aerea ed esplorazione con sommergibili; misure a cui gli Alleati risposero con adeguate contromisure, opponendo il silenzio radiotelegrafico e contrastando l'attività dei ricognitori e dei sommergibili dell'Asse; ma senza nulla poter fare contro il servizio informativo dell'Asse nella zona di Gibilterra, che si dimostrò prezioso per segnalare il traffico marittimo che entrava nel Mediterraneo in quella zona focale.

Il 30 maggio Supermarina, che fino a quel momento non aveva ritenuto possibile stabilire con sicurezza se gli Alleati sarebbero sbarcati in Sicilia o in Sardegna, per la prima volta, a dieci giorni di distanza dall'inizio dell'operazione "Husky", rilevò che lo schieramento dei mezzi da sbarco anglo-americani era rivolto *"prevalentemente contro la Sicilia, tale da consentire l'attacco in qualsiasi momento*[39]*"*.

▲ Carri armati tipo IV della 90ª Divisione in Sardegna nell'estate 1943. Dopo i combattimenti in nord Africa, la 90ª Divisione di fanteria leggera fu ricostituita in Sardegna nel mese di luglio come 90ª Panzegrenadier (Granatieri corazzati).

---

39 Alberto Santoni, *Le operazioni in Sicilia e in Calabria*, USMM, Roma, 1989, p. 53.

# CAPITOLO 4

## I RINFORZI TEDESCHI IN ITALIA

Verso la fine di maggio 1943, Hitler, attraverso l'OBS, informò Mussolini che la Germania era pronta a mettere a disposizione dell'Italia cinque moderne divisioni per la difesa del territorio italiano. Il Duce ricevette con entusiasmo questa notizia; i dettagli dovevano essere discussi il giorno successivo con il Comando Supremo. Ma con grande sorpresa il feldmaresciallo Kesselring si sentì rispondere dal generale Ambrosio che tre divisioni erano sufficienti. Nello stesso senso il Duce scrisse poi ad Hitler. Il generale Ambrosio chiese che una delle tre divisioni fosse inviata in Sicilia (dove si stava costituendo un'altra divisione tedesca, la 15ª Panzergrenadier), un'altra in Sardegna, ed una Divisione nell'Italia meridionale.

La Divisione corazzata paracadutisti Hermann Göring (generale Paul Conrath), che aveva combattuto in Tunisia ed era in ricostituzione nella zona di Napoli, fu prescelta per la Sicilia, dove già si trovava in ricostituzione dopo la campagna d'Africa la 15ª Divisione Panzergrenadier); la 90ª Divisione Panzergrenadier (generale Carl-Hans Lungershausen), anch'essa in ricostituzione dopo la campagna d'Africa, fu destinata a trasferirsi in Sardegna; e la 29ª Divisione Panzergrenadier (generale Walter Fries), che era stata distrutta a Stalingrado ed era stata ricostituita, fu prescelta per trasferirsi in Italia proveniente dalla Francia meridionale. Successivamente, nel mese di giugno arrivarono dalla Francia le due divisioni corazzare 16ª e 26ª, come già stabilito da Hitler a metà maggio, il cui movimento si svolse contemporaneamente all'invio della 1ª Divisione corazzata a Salonicco.

L'apporto delle Forze Armate germaniche alla difesa del territorio italiano contro un'invasione anglo-americana era in verità allora assai opportuno. Le divisioni italiane erano infatti molto modeste, in massima parte appiedate, con scarsa possibilità di movimento e lacunose in carri armati, artiglierie pesanti e cannoni anticarro. Inoltre erano costituite da personale che aveva ricevuto solo un approssimativo addestramento per il combattimento e che a causa di molti anni passati a fare solo la guardia alle caserme, ai depositi e alle postazioni costiere era diventato abulico e con scarso desiderio di battersi.

L'invio di notevoli forze tedesche in Italia dimostra che il trucco del falso cadavere, considerato con troppa esagerazione come la realizzazione della più grande beffa della seconda guerra mondiale (sic), e da far venire le convulsioni a Adolf Hitler, sebbene avesse indubbiamente allarmato il Cancelliere e Capo delle Forze Armate germaniche e i collaboratori del suo Quartier Generale (OKW), non ingannò però più di tanto, contrariamente a quanto spesso viene affermato in particolare in Gran Bretagna, i comandi dell'Asse come hanno spiegato gli storici Morison e Roskill; tanto è vero che, durante il mese di giugno 1943 numerosi rinforzi dell'Esercito germanico giunsero in Sicilia, portando il presidio italo-tedesco sull'isola a 270.0000 uomini, di cui 40.000 tedeschi. In Sardegna vi erano, tra le varie armi, circa 100.000 uomini, di cui 10.000 tedeschi.

Inoltre, sottraendoli ad altri incarichi nei fronti europei, nella seconda metà di maggio e ai primi di giugno furono trasferiti in Italia (e non in Grecia per la protezione del Dodecaneso), per rinforzare la 2ª Flotta Aerea (2ª Luftflotte) del feldmaresciallo Wolfram von Richthofen, due Comandi di Stormo (KG-1 e KG.6) con ben otto Gruppi di aerei da bombardamento, due Gruppi da caccia, un Comando di Stormo (SKG.10) e tre Gruppi di assaltatori, a cui fu necessario assegnate dall'organo operativo dello Stato Maggiore della Regia Aeronautica (Superaereo) nuovi aeroporti nel territorio della penisola italiana.

Al 10 luglio 1943, giorno dello sbarco in Sicilia, il numero degli aerei da combattimento della 2ª Luftflotte era salito a 932, includendo 40 ricognitori Ju.88 e Bf.109, 356 bombardieri Ju.88 e Do.217, 265 caccia Bf.109, 14 caccia notturni Ju.88,134 assaltatori FW.190, 81 distruttori Bf.110 e Ju.88. A queste forze da combattimento occorreva aggiungere altri 305 velivoli dislocati negli aeroporti del Mediterraneo orientale (Grecia e Creta) alle dipendenze del Comando Sudest, in particolare assegnati al 10° Corpo Aereo (Fliegerkorps), che era stato sottratto alla 2ª Luftflotte. Da parte italiana alla data del 9 luglio 1943 erano disponibili nella penisola e nelle isole (inclusa la Corsica) 930 aerei da combattimento, mentre nei Balcani e in Egeo vi erano altri 210 velivoli, ma quasi tutti di caratteristiche modeste[40].

---

40 Francesco Mattesini e Alberto Santoni, La partecipazione tedesca alla guerra aeronavale nel Mediterraneo (1940-1945), Edizioni dell'Ateneo &Bizzarri, Roma, 1989, p. 379-382. * Riguardo agli attacchi contro le formazioni di sbarco, nelle istruzioni impartite alle forze aeree il 28 maggio 1943 con foglio 8061/43, il feldmaresciallo Kesselring (OBS) specificava:

Sia nel campo terrestre e sia in quello aereo, a cui si aggiungevano come forze di prima linea per la difesa della Sicilia sommergibili e motosiluranti (che a differenza di quanto sostenuto da Morison furono trattenute nelle loro basi di Augusta e Porto Empedocle), Al contrario degli italiani (che potevano contare soltanto su un centinaio di mezzi corazzati leggeri di tipo modesto, Renault R.35 da 10 tonnellate e cannone da 37 mm e L.35/33 da 3.5 tonnellate con due mitragliatrici, e come unità in grado di combattere i carri nemici ventiquattro semoventi, del 10° Raggruppamento, su scafo M con cannoni da 90/53), i tedeschi erano di gran lunga meglio armati ed equipaggiati. Essi disponevano di ottimo armamento campale e di 110 carri armati facenti parte della Divisione corazzata Herman Göring (inclusa la 2ª Compagnia del 504° Battaglione corazzato - s.Pz.Abt.504 - con sedici carri tipo VI "Tiger"), e altri 60 carri armati nella 15ª Divisione Panzergrenadier. Entrambe le divisioni erano state continuamente rinforzate per portarle a raggiungere il migliore organico di uomini e mezzi, mentre altre quattro divisioni tedesche (16ª e 26ª Panzer, 29ª Panzergrenadier e 1ª Paracadutisti), che si trovavano in Francia per ricostituzione, dalla metà del mese di maggio erano pronte ad eventualmente intervenire dal sud della penisola italiana, tra la Calabria e la Basilicata, e un'altra divisione, la 3ª Panzergrenadier, si trovava in ricostituzione in Toscana, dopo aver operato sul fronte russo[41].

In definitiva, nessuna forza tedesca, come e stato sostenuto per vantare il presunto successo dell'Operazione "Mincemeat", lasciò la Sicilia per la Grecia., mentre nel corso della prima metà del mese di giugno proveniente da Rennes (Francia) arrivò in Grecia, a Salonicco, la 1ª Divisione Corazzata germanica, al comando del generale Walter Krüger.

Sul trasferimento di questa divisione, allo scopo di convalidare che l'operazione "Mincemeat" aveva avuto successo, gli storici anglosassoni ne danno grande importanza. Come è il caso del britannico Ben Macintyre che ha giustamente riportato che movimento della 1ª Divisione corazzata tedesca in Grecia era iniziato dalla Francia verso la fine del mese di maggio 1943, per poi essere pienamente operativa in giugno. Sull'argomento Macintyre ha riportato[42]:

*"Alla fine di maggio, ha scritto il direttore dell'intelligence* [britannica] *nel suo diario navale segreto, che "la prima Divisione Panzer Tedesca (forza circa 18.000 uomini) venne trasferita dalla Francia nella regione di Salonicco". Le informazioni sono state classificate "A1". Questa è stata la prima indicazione di un importante movimento di truppe in risposta ai documenti della "Mincemeat". Un messaggio intercettato ha aggiunto ulteriori dettagli delle "disposizioni per il passaggio attraverso la Grecia fino a Tripoli, nel Peloponneso, della 1ª Divisione Panzer Tedesca". Il movimento sembra direttamente collegato alle informazioni nella lettera di Nye, e allora Tripoli, notava Montagu, era una "posizione strategica ben adattata a resistere alla nostra invasione di Kalamata e Capo Araxos". La Prima divisione Panzer, con ottantatré carri armati, aveva svolto un'azione feroce in Russia ma ora era "completamente riorganizzata". Ultimamente individuata dall'intelligence inglese in Bretagna, la divisione Panzer era una formidabile, forza d'attacco, e ora veniva lanciata da un'estremità dell'Europa all'altro, per contrastare un'illusione".*

La questione dell'invio della 1ª Divisione in Grecia, era stata discussa e decisa il 19 maggio, nel corso di un colloquio di Hitler con il feldmaresciallo Keitel, Capo dell'OKW, presenti il generale Walter Warlimont, Vice Capo di Stato Maggiore della Wehrmacht, e il generale Walter Bahle, Capo di Stato Maggiore dell'Esercito presso l'OKW. Hitler sostenne che per la minaccia di uno sbarco nemico nel Peloponneso occorreva difendere ad ogni costo le miniere di rame in Grecia, mandandovi una divisione corazzata; ma esclamò: "*Ma dove prenderla*". Keitel rispose: "*In occidente non è disponibile che la 24ª*". Avendo il Führer chiesto quanti carri armati aveva la 1ª Divisione corazzata, Keitel rispose: "*La 1ª Divisione corazzata ha circa 50 carri pronti per l'impiego*". Disse ancora Hitler: "*Sono giunto alla decisione di far trasferire ad ogni costo una divisione corazzata in Grecia,*

---

"È importante che *si mantenga costantemente il contatto onde poter tempestivamente stabilire dove potrà avvenire lo sbarco (Sardegna, Sicilia, Pantelleria) ed attaccare queste formazioni con apparecchi da combattimento e siluranti*". Come si vede nelle zone dove era possibile lo sbarco era inclusa anche l'isola di Pantelleria, che i britannici invasero effettivamente il 10 giugno impossessandosi del suo importante aeroporto, e il giorno dopo anche di quello di Lampedusa. A questo punto non vi erano più dubbi, se non errate supposizioni, che il prossimo obiettivo degli Alleati sarebbe stata la Sicilia.

41 *Ibidem*, 397-398; Alberto Santoni *Le operazioni in Sicilia e in Calabria*, Stato Maggiore dell'Esercito Ufficio Storico, Roma, 1989, p. 48.

42 Ben Macintyre, *Operation Mincemeat. The Nazis and Assured an Allied Victory*, Harmony Books, New York, 2010.

*nella zona di Atene o meglio di tutto, direttamente nel Peloponneso*". Ma trovare una divisione corazzata in quel momento non era facile. Risulta anche che le difficoltà per approvvigionare di carri armati le divisioni corazzate erano molto difficili, tanto che il generale Warlimont riferì che la 16ª, da trasferire in Italia, ne aveva soltanto cinquanta tipo IV, e la 26ª anch'essa da trasferire in Italia 36 carri tipo III, con cannoni lunghi da 50 mm e da 75 mm corti, e tre del tipo IV.
Avendo Hitler chiesto a Warlimont "*Quale divisione considerate personalmente la più adatta ad essere immediatamente inviata nei Balcani*", gli fu risposto "*Tutto considerato, mi sembra che la 1ª sia l'unica pronta per l'impiego*". E Bahle aggiunse che disponeva di 60 carri tipo IV e 12 carri lanciafiamme, ma era priva di artiglierie semoventi. Ma raggiunta la destinazione fu calcolato che il suo completamento di mezzi sarebbe avvenuto "*nel corso del prossimo trimestre*". Infine, considerando che in caso di sbarco in Italia o nei Balcani per la Germania il pericolo maggiore era nei Balcani, fu presa dal Führer la decisione di preparare la 1ª Divisione corazzata per il trasferimento in Grecia. Fu anche deciso di affrettare il trasferimento in Italia delle due divisioni corazzare 16ª e 26ª, sebbene incomplete e da completare a destinazione, e fu discusso sull'invio in Sicilia della Divisione corazzate della Luftwaffe Hermann Göring, volendo conoscere Hitler quale era la sua situazione di carri armati (72 compresi 17 "Tiger" più 22 cannoni d'assalto StuG III), perché anche una minaccia ad ovest non veniva sottovalutata[43].

La difesa dei Balcani, così come della Norvegia, era l'ossessione di Hitler, che fin dall'autunno 1942 aveva spinto sull'OKW per convincerlo a mandarla rinforzi in Grecia, incluse due divisione corazzate, la 18ª e la 25ª, poi trattenute per altre esigenze[44]. A quest'opera di rafforzamento avevano partecipato, e continuavano a farlo nei

▲ Da sinistra: i feldmarescialli Albert Kesselring e Wolfram von Richthofen, Comandante della 2ª Luftflotte, in visita al fronte di Nettuno nel marzo 1944, discutono sulla situazione. Il primo a destra è il generale Siegfried Westphal, Capo di Stato Maggiore del Gruppo di Armate C di Kesselring.

43 Helmut Heiber, *Hitler stratega*, (dal tedesco Deutsche Verlags-Anstalt), Mondadori, Milano 1966, Verbale del 19 maggio 1943, p. 115-136.
44 Scrive lo storico britannico Denis Smith, a pagina 239 del suo libro *Deathly Deception* che il 21 maggio l'organizzazione crittografica britannica Ultra, a Bletchley Park (Londra), decifrò un ordine di trasferimento della 1ª Divisione corazzata dalla Francia alla Grecia. Due giorni dopo conobbe quale fosse l'organico della divisione, e il 5 giugno il suo arrivo a destinazione nei Balcani a bordo di settantuno treni. Nessun cenno viene fatto al trasferimento in Italia di sei divisioni tedesche, corazzate e Panzergrenadier, e dell'enorme impiego di treni necessari per il loro trasporto. Conseguentemente, conclude Smith, l'8 giugno "*un felice Montagu informò il colonnello Bevan della decrittazione "Ultra", perché sembra dimostrare, al di là di ogni dubbio, un impatto pratico dell'operazione "Mincemeat", sulle azioni dell'Alto Comando tedesco*".

▲ Cartina dell'Italia con indicate le località in cui erano dislocate le principali unità germaniche alla data del 25 luglio 1943, giorno della caduta del fascismo.

limiti delle disponibilità di mezzi e armamenti, anche gli italiani che controllavano la Morea e tutta la striscia occidentale della Grecia.

In un appunto del Comando Supremo al Duce del 12 giugno 1943, dall'oggetto *Impiego delle Forze Italiane e Tedesche per la difesa della Grecia*, è riportato che la situazione delle forze difensive della Grecia, dopo l'arrivo dei rinforzi tedeschi, era la seguente: 8 Divisioni italiane; 4 Divisioni tedesche, 3 di fanteria e 1 corazzata. Di queste forze tedesche due battaglioni rinforzavano la difesa italiana del Canale di Corinto; altri sei battaglioni da fortezza erano schierati nel Peloponneso in difesa costiera o a difesa diretta degli aeroporti, da dove i caccia italiani proteggevano il traffico marittimo tra l'Italia e la Grecia[45]. Comunque sia, l'invio in Grecia della 1ª Divisione corazzata non agevolo quel settore rispetto a quanto veniva rinforzato il settore Italia meridionale, Sardegna e soprattutto Sicilia.

Mentre Mussolini continuava a riteneva che il prossimo sbarco degli Alleati sarebbe avvenuto in Sicilia, la porta di accesso all'Italia meridionale, e lo stesso era il pensiero del generale Vittorio Ambrosio, invece Hitler era sempre convinto che più minacciata era la Sardegna e, come ha scritto Frederick W. Deakin, per il seguente motivo[46]:

*La sua interpretazione sulla futura strategia alleata era più coerente di quella di Mussolini: Hitler prevedeva che dalla Sardegna il nemico avrebbe potuto minacciare Roma e i porti principali di Genova e Livorno e colpire simultaneamente tutta l'alta Italia e la Francia meridionale e di lì il cuore della fortezza europea. La conseguenza logica di tale mossa alleata sarebbe stato il tentativo di aggirare il fianco sud-orientale delle posizioni tedesche in Europa mediante uno sbarco in grande scala in Grecia e nei Balcani. Questa, in sostanza, era il pensiero strategico di Hitler in quelle settimane, sulla guerra in Mediterraneo e sulle prossime intenzioni del nemico in quel settore.*

Il trasferimento in Sardegna della 90ª Divisione Panzegrenadier (generale Carl-Hans Lungershaqusen), che prese il nome di "Division Sardinien", avvenne nel mese di luglio, così come era stato promesso da Kesselring, per la difesa della Sicilia e della Sardegna; seguì l'invio dei paracadutisti della 1ª Divisione (1. Fallschirmjäger-Division) dell'XI Fliegerkorps del generale Kurt Student, da dislocare in Calabria[47]. La divisione si trovava in Francia, nella zona di Flers, presso Avignone, come parte della riserva del Gruppo d'Armate D.

Questo urgente rinforzo della penisola italiana e delle isole era certamente dovuto ad una segnalazioni arrivata da Madrid. Infatti, Il 18 giugno il Ministro degli Esteri spagnolo Francisco Gómez-Jordana Sousa, passò all'Ambasciatore tedesco a Madrid la seguente comunicazione, appresa dall'alto Comando dello Stato Maggiore spagnolo, che subito Hans-Heinrich Diekhoff trasmise a Berlino, nella seguente forma: "*Mi si comunica da fonte attendibile che lo Stato Maggiore Generale spagnolo ha ricevuto stasera notizia di importanti offensive americane in precinto di essere sferrate dall'Algeria e da Tunisi. Obiettivo probabile, la Sicilia*[48]".

Tre giorni dopo, il pensiero che il Comando Supremo italiano portò alla conoscenza di Mussolini con l'Appunto al Duce *Apprezzamento della situazione alla data del 18 giugno 1943*, che era in quel momento ben differente e molto più logico di quello di Hitler sulla Sardegna, perché riguardava la Sicilia in un momento in cui tutto portava a ritenere che era l'obiettivo degli Alleati, sosteneva[49]:

*Il nemico non ha ancora iniziato un'azione aerea di vera e propria preparazione allo sbarco. I bombardamenti sui campi di aviazione e sui porti delle isole hanno sinora carattere di interdizione per vietarci di adoperarli quali base per il contrasto aeronavale nel Canale di Sicilia, e quindi oggi sono nel complesso più estesi in Sicilia che in Sardegna* **appunto per lo scopo cui tendono** [il grassetto è dell'Autore]. *E con lo stesso ragionamento si spiega l'accanimento contro Messina e Reggio, perché lo Stretto è punto vitale per i rifornimenti dell'isola; bombardando cioè il passaggio, si indeboliscono non soltanto le difese dell'isola ma anche la capacità offensiva dei nostri mezzi contro le basi africane e sul mare Mediterraneo.*

---

Dei successivi movimenti della 1ª divisione corazzata non ci interessa. Restò staticamente in Grecia, per poi nell'autunno essere rispedita nella bolgia del fronte russo.
45 ASMEUS, *H 9*, cartella 6.
46 Frederick W. Deakin, *Storia della Repubblica di Salò*, cit., p. 343.
47 ASMEUS, *Diario Storico del Comando Supremo*, maggio-luglio 1943.
48 Frederick W. Deakin, *Storia della Repubblica di Salò*, cit., p. 382.
49 ASMEUS, *L 13*, cartella 69.

▲ Carro armato Panzer VI "Tiger" della 2ª Compagnia del 504° Battaglione corazzato della Divisione corazzata paracadutisti Hermann Göring, a Ragusa (Sicilia). Il carro pesava 56 tonnellate ed aveva un cannone da 88 mm.

In definitiva, nonostante quanto è stato detto e scritto, l'Operazione "Mincemeat" fu pianificata e realizzata con indubbio successo, ma all'atto pratico, con buona pace degli storici britannici e di quanto all'estero hanno condiviso la loro tesi, per sguarnire la difesa della Sicilia e far mancare l'arrivo dei rinforzi, non servì a nulla. Anzi, i preparativi di sbarco degli anglo-americani, il loro concentramento di mezzi da sbarco in porti e ancoraggi che si estendevano da Tripoli all'Algeria, le loro incursioni aeree aerei dirette soprattutto contro gli aeroporti e il porto di Messina, attaccando i traghetti dello Stretto per diminuire le possibilità di difesa della Sicilia, servirono per rendere convinti, anche i più scettici, che la prossima mossa d'attacco del nemico avrebbe riguardato quell'isola[50].

Nello stesso tempo però, ha scritto il compianto amico Alberto Santoni, ad aiutare gli Alleati nella loro opera di depistamento, vi era stato:

*"senza dubbio un mediocre rendimento dei Servizi Informativi dell'Asse ed al proposito basti pensare che ancora il 4 luglio 1943, a sei giorni dall'operazione "Husky", il Servizio Segreto germanico [dell'OKW] reputava che fossero imminenti sbarchi simultanei avversari in Sicilia, in Sardegna e in Grecia[51]".*

E poiché anche le informazioni che arrivavano dal SIM (Servizio Informazioni Militari) erano ugualmente mediocri, si arrivò, almeno inizialmente, al convincimento del Comando Supremo e di Supermarina, a tenere in considerazione l'idea che il primo obiettivo del nemico fosse la Sardegna (Esigenza Sa), per poi sostenere che in realtà lo sbarco poteva svolgersi in Sicilia (Esigenza Si), e possibilmente contemporaneamente in entrambe le due isole (Esigenza SS)[52].

---

50 Nel Bollettino giornaliero dell'OBS n. 1555/25, del 28 maggio 1943, pervenuto a Superaereo, si legge: *"Durante gravi attacchi aerei Messina giorno 25 affondata ultima nave traghetto efficiente: pertanto traffico ferroviario attraverso stretto Messina attualmente non più possibile. Traffico ferroviario continua con piccole imbarcazioni"*. Cfr., ASMAUS, DCHG 3/37.
51 Alberto Santoni, *Le operazioni in Sicilia e in Calabria*, cit., p. 49.
52 Ad aumentare la confusioni sorse poi il convincimento che gli sbarchi del nemico avrebbero potuto riguardare anche

Tuttavia per quest'ultima possibilità di sbarco nemico, in un promemoria del Comando Supremo del 23 giugno 1943, dall'oggetto *"Occupazione della Sicilia"*, siglato dal generale Ambrosio, era riportato che la disponibilità di mezzi da sbarco degli anglo-americani permetteva *"di trasportare una quantità di forze terrestri sufficienti per tentare l'invasione della Sicilia, o della Sardegna, ma non contemporaneamente di entrambe le isole"*. Quindi quest'ultima ipotesi, l'Esigenza SS, non preoccupava più di tanto[53].

Il 24 giugno 1943, con lettera n. 19049 dall'oggetto *"Apprezzamento della situazione"*, Supermarina segnalava al Comando Supremo e a Superaereo che molti sintomi facevano ritenere che gli Alleati avessero ultimato la loro preparazione, e che l'attacco sarebbe stato svolto in una zona dove poter ottenere il massimo dell'appoggio aereo, sfruttando le possibilità che si offrivano con i campi di volo di Malta e di Pantelleria. Era ritenuto fossero particolarmente esposte la Sicilia sudorientale (da Siracusa a Gela), la Sicilia sudoccidentale (da Gela a Trapani), e la Sardegna meridionale (Golfo di Cagliari)[54].

Il 29 giugno, in base agli schieramenti navali del nemico che si stavano spostando dall'Africa Settentrionale Francese verso levante, e dai movimenti delle navi in mare, comprese corazzate e portaerei, Supermarina, con foglio n. 9614, informava il Comando Supremo, Superesercito, Superaereo e OBS. che le operazioni nemiche si sarebbero rivolte contro obiettivi a levante di Capo Bon, quindi sicuramente in Sicilia[55].

Alla fine di giugno all'OBS e al Comando Supremo si presentava un quadro della situazione delle forze Alleate valutato nel loro insieme di dislocazione in Nord Africa, Gibilterra e Malta ad oltre 780.000 uomini e 4.000 carri armati, a cui si aggiungevano in Libia altri 50.000 uomini. La dislocazione dei mezzi da sbarco, secondo la valutazione dell'OBS, appariva la seguente: 6 mezzi da sbarco a Gibilterra, 238 nella zona di Orano, 87 nella zona di Biserta, 23 a Malta, e 15 a Susa, in grado di imbarcare 34.200 uomini e 3.110 carri armati e automezzi. Rimaneva sconosciuta la dislocazione di altri 810 mezzi da sbarco atti al trasporto di 23.000 uomini e 400 automezzi. Questi mezzi probabilmente si trovavano dislocati in porti arretrati pronti ad essere inviati in avanti in caso di sbarco. *"La raccolta delle forze alleate, terrestri ed aeree, gravitava senza dubbio nel Mediterraneo occidentale e mirava all'Italia ... la probabilità di azioni di sbarco in Sicilia"*. Ciò che appariva confermato anche dalla presenza di una forza di circa tre divisioni di paracadutisti e truppe aviotrasportate raccolte nella zona di Orano, nelle vicinanze degli aeroporti disponibili nella zona[56].

Il generale Alfredo Guzzoni, in un suo ordine da Enna, dove esercitava il Comando della 6ª Armata in Sicilia, a cui erano aggregate le forze tedesche, il 30 giugno comunicò alle truppe il descritto quadro della situazione, *"in merito alle possibilità di sbarco nemico"*.

Il 1° Luglio, con foglio n. 1B/10506, Superaereo inviava ai Comandi di Squadra Aerea e d'Aeronautica un *"Apprezzamento della situazione"* (vedi documento n. 7), con cui, tra l'altro, avvertiva:

*"Molti sintomi fanno ritenere che il nemico abbia ultimato la sua preparazione è stia per iniziare il nuovo ciclo operativo. Sui probabili obiettivi e modalità di azione si può fare il seguente apprezzamento:*
*1. – Si deve ritenere che il nemico opererà in zone dove possa usufruire del massimo appoggio aereo.*
*Sotto questo punto di vista, tenuto conto dello schieramento aereo che secondo le informazioni in possesso, il nemico avrebbe assunto e delle possibilità offerte dai campi di Malta e di Pantelleria, si ritengono particolarmente esposte la Sicilia Sud orientale (da Siracusa a Gela) la Sicilia Sud occidentale (da Gela a Trapani) e, in misura minore, la Sardegna meridionale (Golfo di Cagliari)".*

---

la Provenza, per minacciare da sud con attacchi aerei la Germania, oppure i Balcani per attaccare gli impianti petroliferi della Romania, vitali per l'economia di guerra tedesca e anche dell'Italia. Per tutti i documenti più importanti sulle operazioni Si. Sa. e SS, vedi il libro dell'Aurore, Stampato per l'Ufficio Storico dell'Aeronautica, *Le direttive tecnico-operative di Superaereo*; Volume Secondo II Tomo, *Gennaio 1943 - Settembre 1943*, Roma 1992.
53 ASMEUS, *Diario Storico Comando Supremo*, Allegati, giugno 1943.
54 AUSMM, *Maristat Segreteria Generale*, cartella 8, fascicolo 64.
55 ASMEUS, *M.3*, cartella 12.
56 Virgilio Rusca, *Problemi organizzativi logistici e operativi di O.B.S. prima dello sbarco in Sicilia degli anglo-americani*, AUSMM.

Il 2 luglio in Comandante della 2ª Flotta Aerea, feldmaresciallo von Richthofen, in una riunione al Comando Supremo a cui partecipavano i generali Ambrosio e Fougier e il feldmaresciallo Kesselring, dopo aver annunciato che il porto di Biserta era saturo di navi e che sugli aeroporti di Malta vi erano 450 aerei da caccia e altri 50 a Pantelleria, disse che questi ultimi *"verranno certamente impiegati dal nemico in appoggio ad un tentativo di sbarco in Sicilia[57]"*.

Ve ne erano ormai prove evidenti, come quella dei bombardamenti intensificati che l'aviazione degli Alleati rivolgeva a tutti gli obiettivi della Sicilia e dell'Italia meridionale, anche se ancora si continuava a ritenere che la minaccia si poteva presentare anche in Sardegna.

Il 2 luglio il Magic statunitense, il servizio crittografico corrispondente all'Ultra britannico, intercettava e decrittava un rapporto dell'ambasciatore giapponese a Roma, in cui faceva le vari ipotesi che si avevano nella Capitale italiana circa gli intendimenti degli Alleati. È interessante il punto C) del rapporto in cui si afferma: *"In generale si crede che gli sbarchi saranno effettuati in Sicilia e in Sardegna. Ci sono prove inconfutabili che, vengono effettuati sforzi per interrompere le comunicazioni in queste zone[58]"*.

A questo riguardo, in una relazione del gennaio 1948, dal titolo *"La situazione aerea nel Mediterraneo occidentale e centrale dalla perdita della Tunisia fino allo sbarco in Sicilia. Struttura e impiego della 2ª Flotta Aerea in quel periodo*, il generale di squadra aerea Paul Deichmann, all'epoca Capo di Stato Maggiore dell'OBS, ha scritto[59]:

*"Quando al principio di giugno gli attacchi si concentrarono contro gli aeroporti della Sicilia ed alla fine di giugno contro i traghetti che facevano servizio nello stretto, tanto che di cinque uno solo era ancora in condizioni di prestare servizio, apparve che la Sicilia doveva essere il territorio scelto per il prossimo sbarco.*

*Mentre i bimotori alleati, che più o meno corrispondevano ai bimotori tedeschi, limitavano i loro attacchi agli obiettivi costieri, i quadrimotori conducevano i loro attacchi distruttivi contro qualsiasi obiettivo in tutto il territorio italiano.*

*Questi attacchi dei quadrimotori ebbero una grandissima importanza, perché riuscirono a spezzare l'unità italiana per una ulteriore condotta della guerra. I loro successi furono determinanti per la successiva uscita dell'Italia dall'Asse.*

*Un attacco di quadrimotori alleati per poco non causò la morte dell'O.B.S., Feldmaresciallo Kesselring. Durante una sua visita a Marsala fu distrutta la casa in cui egli si trovava, e trovarono la morte due ufficiali di Stato Maggiore del suoi seguito".*

Ormai non vi erano più dubbi sulla previsione dell'azione e sul suo obiettivo della Sicilia, *"sebbene l'OKW, che ormai non si preoccupava più della Grecia, si ostinasse a considerare la possibilità di uno sbarco contemporaneo in Sicilia e Sardegna[60]"*.

La Sicilia era l'obiettivo che gli Alleati, con il depistaggio dell'operazione "Mincemeat", volevano nascondere fino al momento dello sbarco, senza riuscirvi. E lo sbarco ebbe inizio la notte fra il 9 e il 10 luglio, quando ormai sull'isola, con i rinforzi arrivati nel corso del mese di giugno si trovava un presidio di 270.000 uomini, dei quali circa 40.000 tedeschi (dai 10.000 che vi erano quando il falso maggiore Martin fu trovato sulla spiaggia di Huelva), con 160 carri armati, facenti parti della Divisione corazzata Herman Göring e della 15ª Divisione Panzergrenadier. Ossia il numero dei soldati tedeschi, che secondo il piano dell'operazione "Mincemeat", doveva trasferirsi dalla Sicilia per rinforzare la Grecia, si era quadruplicato e considerevolmente armato. Anche il resto delle truppe tedesche in Italia, quattro divisioni, di cui due corazzate, non fu trasferito oltre la penisola, dalle loro sedi di schieramento in Toscana, Calabria e Puglia. Inoltre, come ha scritto nel dopoguerra il generale Frido von Senger und Etterlin, ufficiale di collegamento con il Comando della 6ª Armata[61] italiana

---

57 ASMEUS, *M.3*, cartella 12.
58 U.S National Archives, Washington D.C., documento S.R.S. 1221. Citato da Alberto Santoni in *Le operazioni in Sicilia e in Calabria*, USMM, Roma, 1989, p. 55.
59 Virgilio Rusca, *Problemi organizzativi logistici e operativi di O.B.S. prima dello sbarco in Sicilia degli anglo-americani*, AUSMM.
60 *Ibidem*.
61 Frido von Singer und Etterlin, *Krieg in Europa*, tradotto in Italia *Combattere senza paura e senza speranza*. Longanesi,

in Sicilia comandata dal generale Alfredo Guzzoni, vi erano sull'isola, da parte tedesca, altri 30.000 uomini *"come truppe addette alla difesa contraerea, personale a terra della Luftwaffe, reparti di sussistenza e così via"*. Quindi il presidio tedesco della Sicilia era già molto forte perché, e se si poteva fare poco conto sugli uomini dei vari servizi, le trentatré batterie di artiglierie contraerea con cannoni da 88 mm potevano essere usate come micidiali armi anticarro.

La conoscenza degli Alleati sui rinforzi tedeschi in Sicilia era tenuta sotto costante osservazione dall'organizzazione crittografica britannica Ultra, e dalle altre fonti d'informazione. Nella terza settimana di maggio 1943 gli anglo-americani appresero che le truppe tedesche già in Sicilia avevano acquisito lo status divisionale, con Quartier Generale a Caltanissetta al centro dell'isola, e che tali forze venivano riorganizzate su una Divisione di Panzer Grenadier, con tre reggimenti, uno dei quali mantenuto per il rinforzo di un punto particolare sulla costa. Tra il 20 giugno e l'inizio di luglio le decrittazioni avvertirono dell'arrivo della divisione Hermann Göring con 18.000 uomini, 96 cannoni e 53 carri armati, ma senza il suo terzo reggimento di fanteria. L'8 luglio (giorno D – 2 dell'operazione "Husky") il servizio informazioni venne a conoscenza che la Divisione costituita in Sicilia, era stata ribattezzata 15ª Panzerdivision, ed aveva trasferito la sua compagnia di circa 15 carri armati Tiger alla Divisione Hermann Göring. Nello stesso tempo era stato conosciuto che gli italiani avevano in Sicilia, nell'ambito della 6ª Armata di sei divisioni, e che venivano continuamente rinforzate con armi e mezzi fatti affluire dalla penisola[62].

La prova definitiva dello sbarco in corso di attuazione fu ricevuta il 9 luglio, quando da un ricognitore tedesco fu ricevuta la notizia di essere a contatto con la flotta da sbarco alleata diretta da Malta verso la Sicilia meridionale.

Quanto all'operazione "Mincemeat", l'opera britannica sulle decrittazioni Ultra, dopo aver constatato una notevole ansietà da parte tedesca per una minaccia degli Alleati verso la Grecia, con particolare riguardo al Peloponneso, il 27 giugno si rese conto che dal punto di vista operativo la "Mincemeat" era stata inutile. Quel giorno, fu decifrato un ordine del feldmaresciallo Kesselring che comunicava alle forze germaniche nel Mediterraneo, *"che l'ora della decisione era vicina e bisognava essere pronti a proteggere la patria sul suolo italiano"*. Il messaggio intercettato dimostrava che era ormai era da escludere una puntata d'attacco degli Alleati alla Sardegna o alla penisola italiana, e che l'attenzione delle forze dell'Asse era rivolta esclusivamente alla difesa della Sicilia, ormai considerata come *"il più probabile obiettivo alleato*[63]*"*.

---

Milano, 1968, p. 207.
62 Hinsley F.H. e altri, *British Intelligence in the Second World War*, Volume 3, Part 1, HMSO, London, 1984, p.75 – 76.
63 *Ibidem*, p. 79.

▲ In quest'immagine dell'estate 1942 in Russia, il generale Wolfram Karl Ludwig Moritz Hermann Freiherr von Richthofen, allora Comandante dell'8° Corpo Aereo (8° Fliegerkorps) e, dalla primavera 1943, feldmaresciallo Comandante in Italia della 2ª Flotta Aerea (Luftflotte 2), parla con il feldmaresciallo Alexander Löhr, Comandante della 4ª Luftflotte, a cui l'8° Fliegerkorps apparteneva.

▼ Mezzo da sbarco per carri armati LST, carico fino all'inverosimile di uomini e autocarri, in un convoglio diretto verso la Sicilia.

# CAPITOLO 5

## PERCHE' LO SBARCO DEGLI ALLEATI ERA ATTESO

Il feldmaresciallo Kesselring, ben servito nel campo informativo dalla sua ottima ricognizione aerea, e condividendo le opinioni degli italiani, riteneva che l'obiettivo primario della prossima mossa degli anglo-americani privilegiava la Sicilia, anche perché la concentrazione dei loro centinaia di mezzi da sbarco per realizzare l'impresa si trovava nella zona tra Biserta e Tripoli, e la dislocazione delle truppe tra Orano e Malta[64]. Lo stesso si poteva dire per la concentrazione dell'aviazione, in cui la massa dei velivoli da caccia anglo-americani per appoggiare lo sbarco era segnalato concentrato negli aeroporti e piste di volo della Tunisia nord- orientale di Malta e cui si aggiunse Pantelleria. Inoltre, all'inizio di giugno, l'offensiva aerea che gli Alleati che fino a quel momento aveva riguardato l'attacco ininterrotto agli obiettivi di ogni punto del territorio italiano (porti, aeroporti, nodi ferroviari, fabbriche), fu concentrata contro gli aeroporti della Sicilia e alla fine del mese sui traghetti che facevano servizio nello Stretto di Messina, da cui affluivano rifornimenti e rinforzi[65].

Per gli stessi ovvi motivi, ossia che lo sbarco nemico sarebbe avvenuto in Sicilia, ne erano sempre più convinti Mussolini e Ambrosio, e leggendo i documenti della stessa identica idea, al fine, pur con qualche distinguo sulla Sardegna, lo erano anche i Capi di Stato Maggiore dell'Esercito (generale Mario Roatta), dalla Marina (ammiraglio Arturo Riccardi) e dell'Aeronautica (generale Rino Corso Fougier). Quest'ultimo nel mese di maggio tolse dal Dodecaneso l'unico Gruppo di Aerosiluranti S.79 che vi era disponibile, il 104°, riportandolo in Italia. Se vi fosse stata una eloquente preoccupazione per il Possedimento dell'Egeo o la Grecia, con movimenti navali nemici messi in movimento nel Mediterraneo orientale, quel reparto sarebbe rimasto a Rodi. Il tener conto di queste realtà, che era poi condivisa dal Comando Supremo italiano[66], permise finalmente all'OBS di dare previsioni abbastanza esatte sulle intenzioni nemiche nei riguardi dello sbarco. Infatti collegando le notizie della ricognizione con quelle comunicate dagli agenti nei territori nemici, che tra l'altro segnalavano la presenza a Malta di tre battaglioni di paracadutisti e una unità di commando, l'OBS ebbe infine la conferma che il prossimo obiettivo degli Alleati sarebbe stata la Sicilia. A favorire tale ipotesi stava inoltre l'esperienza della sempre prudente e metodica condotta della guerra da parte degli anglo-americani che per attuare una simile impresa avrebbero potuto disporre dei grandi aeroporti della Tunisia e di Malta abbastanza ravvicinati, così da garantire un costante appoggio aereo, che invece sarebbe stato possibile solo in parte, realizzando uno sbarco nella Morea o nel Dodecaneso.

La Sicilia era l'unico ostacolo che avrebbe impedito agli Alleati di sbarcare nella penisola italiana attraverso lo Stretto di Messina, mentre la Sardegna, a giudizio dell'OBS, sotto il punto di vista operativo, come abbiamo detto, non poteva dare grossi vantaggi poiché la sua eventuale conquista, a differenza dell'opinione di Hitler, non avrebbe avvicinato gli Alleati all'Italia meridionale, e nel contempo, come ha rilevato l'allora Sottocapo di Stato Maggiore della Regia Aeronautica, generale Giuseppe Santoro: *"La perdita della Sicilia avrebbe avuto la gravissima conseguenza di non permettere più le comunicazioni con il Mediterraneo orientale; il che avrebbe avuto incalcolabili ripercussioni sui rifornimenti dello scacchiere greco*[67]*"*.

Venne escluso dall'OBS un contemporaneo sbarco in Sicilia e Sardegna, perché a giudizio di Kesselring, che a parte il suo consueto ottimismo era un vero stratega con cui gli Alleati avrebbero dovuto penare nella campagna d'Italia del 1943-1945, sotto il punto di vista operativo avrebbe comportato un impiego di mezzi

---

[64] Francesco Mattesini (Mario Cermelli correzione delle bozze), *Le direttive tecnico- operative di Superaereo*; Volume Secondo II Tomo, *Gennaio 1943 - Settembre 1943*, Stato Maggiore dell'Aeronautica Ufficio Storico, Roma, 1992, Documenti vari, tra cui l'insieme dei piani difensivi delle tre Forze Armate italiane e dell'OBS per le Esigenze "*Sardegna, Sicilia e SS*".
[65] Francesco Mattesini e Alberto Santoni, La partecipazione tedesca alla guerra aeronavale nel Mediterraneo (1940-1945), cit. p. 387.
[66] Il 25 maggio, il generale Fougier trasmise all'Ufficio del Generale R.A. presso OBS, Venceslao D'Aurelio, il seguente messaggio n. 1B/8975 da portare all'attenzione del feldmaresciallo Kesselring: "*Comando Supremo habet ordinato azioni offensive su Malta col compito di contropreparazione ai preparativi sbarco avversari. Tali azioni dovrebbero essere condotte in accordo con OBS.*" Attaccare gli obiettivi di Malta, le cui difese aeree erano formidabili, significava che il Comando Supremo riteneva che la minaccia di sbarco riguardava la Sicilia.
[67] Giuseppe Santoro, *L'Aeronautica Italiana nella seconda guerra mondiale*, Volume Secondo, Edizioni esse, Milano – Roma, 1957, p. 530.

▲ La *Howe*, la più moderna corazzata britannica, trasferita nel Mediterraneo assieme alla gemella *King George V* per l'appoggio allo sbarco in Sicilia.

navali consistenti che si riteneva gli Alleati non possedessero. Ma la causa più importante e convincente era secondo Kesselring il fatto, discusso in varie riunioni, che la conquista della Sicilia avrebbe finito per avere forti ripercussioni sul morale del popolo italiano ed anche della sua classe dirigente, con effetti maggiori di quanto sarebbero stati prodotte dall'eventuale perdita della Sardegna[68]. Erano calcoli logici, e non si capisce perché invece fosse stata organizzata dai britannici una messa in scena che a priori era destinata a non avere alcun effetto sugli intendimenti difensivi tedeschi e italiani[69].

Ma la prova sicura che lo sbarco era ormai imminente arrivò nell'ultima settimana di giugno e ai primi di luglio, quando il servizio informazioni segnalò il passaggio per lo Stretto di Gibilterra, con direzione il Mediterraneo occidentale, di sei grandi unità britanniche, quattro navi da battaglia (*Howe*, *King George V*, *Warspite*, *Valiant* che si aggiungevano alla *Nelson* e alla *Rodney*) e di due portaerei (*Formidable* e *Indomitable*), seguite da parecchie navi ospedali a breve distanza l'una dall'altra. Ciò confermava l'imminenza dell'azione che venne anche avvalorata dalle notizie giunte dagli agenti, di assoluta fiducia, in Nord Africa circa lo spostamento verso est, in Algeria e Tunisia, di truppe, mezzi da sbarco e navi da trasporto[70].

68 In merito alla questione della difesa della Sicilia, della Sardegna, dell'Italia centrale e della Corsica, si svolsero al Comando Supremo numerose riunioni tra le autorità italiane e tedesche, e in tali occasioni gli italiani richiesero insistentemente alla Germania la fornitura di grandi quantità di armi moderne, quali aerei, carri armati, cannoni anticarro contraerei e da campagna, automezzi e combustibile per la Marina e l'Aeronautica, richieste che poi il Comando Supremo inviò all'OKW, con una dettagliata nota del 2 maggio 1943. Le richieste, appoggiate anche da quelle nello stesso tempo avanzate dall'OBS, furono accolte dalla Germania nei limiti del possibile. E non poteva fare di più dovendo proteggere le coste di quasi tutta l'Europa, oltre a combattere una guerra per la vita contro l'Unione Sovietica.

69 *Ibidem*, p. 393. * In una riunione del 1° giugno 1943 tenuta al Comando Supremo, presenti il generale Ambrosio e da parte tedesca il feldmaresciallo Kesselring e i generali von Rintelen e Siegfried Westphal (Capo di Stato Maggiore dell'OBS), Kesselring disse: *"Ho visto le truppe della Divisione "Baade"* [in realtà il Gruppo del colonnello "Baade", dal quale dipendeva l'eventuale impiego delle locali truppe tedesche] *e le altre truppe tedesche della Sicilia. Fra otto giorni l'addestramento sarà completato e le truppe saranno pronte per l'impiego. ... Come armamento ci manca ancora una parte degli automezzi..."*. Nessun riferimento al fantomatico sbarco nella Morea, poiché evidentemente già allora il clima era cambiato. Cfr., SMEUS, *Verbali delle Riunioni tenute dal Capo di SM Generale*, Volume IV, Roma 1985, p. 150.

70 Presero parte alla prima fase dello sbarco, che si svolse per un estensione di costa di ben 80 miglia (130 chilometri), e quindi superiore per vastità all'invasione della Normandia, 2.590 navi di ogni tipo (delle quali 1.614 britanniche, 945 americane e 31 di altre Marine alleate), che imbarcavano sette divisioni per un totale di 181.000 uomini, dei quali 115.000 britannici e 66.000 americani, nonché 14.000 veicoli, 600 carri armati e 1.800 cannoni. L'aviazione anglo-americana schierò un totale di 3.445 velivoli, dei quali 2.510 operativi alla data del 10 luglio 1943.

Tutto questo valse a confermare all'OBS che lo sbarco in Sicilia era da attendersi da un momento all'altro, e che secondo i meteorologi il periodo tra il 1° e il 10 luglio, sarebbe stato il più probabile per la notte senza luna che avrebbe agevolato l'avvicinamento alla coste dei mezzi da sbarco in condizioni favorevoli, come in effetti avvenne.

Il 4 luglio, nell'apprezzamento di situazione formulato dal Comitato per le Ricognizioni Strategiche, a cui partecipavano nella sede di campagna di Supermarina, a Santa Rosa, rappresenti delle forze d'aviazione italiane e tedesche, fu rilevato che lo schieramento delle forze aeree degli Alleati era rivolto contro la Sardegna e la Sicilia, mentre non appariva vi fossero sufficienti forze aeree per appoggiare un'importante operazione nel Mediterraneo orientale, ciò che escludeva la Grecia (vedi Documento n. 8).

Quando il 6 luglio ebbe inizio da parte delle forze aeree anglo-americane un formidabile martellamento contro la Sicilia, la Calabria e la Puglia, con azioni dirette su aeroporti, comandi, centri di traffico ed altri obiettivi militari come concentramenti di truppe e di mezzi, le fortificazioni costiere, i depositi di rifornimento e i traghetti nello Stretto di Messina, l'OBS non ebbe più alcun dubbio sulle previsioni dello sbarco e sul suo obiettivo. In disaccordo con l'OKW, che si ostinava a considerare la possibilità di uno sbarco contemporaneo in Sicilia e in Sardegna, l'OBS ritenne che la Sicilia fosse il punto prescelto dal nemico e di conseguenza provvide a trasbordare sull'isola, dalla Calabria, anche parte delle sue ultime riserve a disposizione, per cercare di fornire agli italiani un maggior sostegno.

L'indomani 7 luglio, Supermarina provvide ad informare tutti i Comandi Navali, avvertendoli (vedi Documento n. 9):

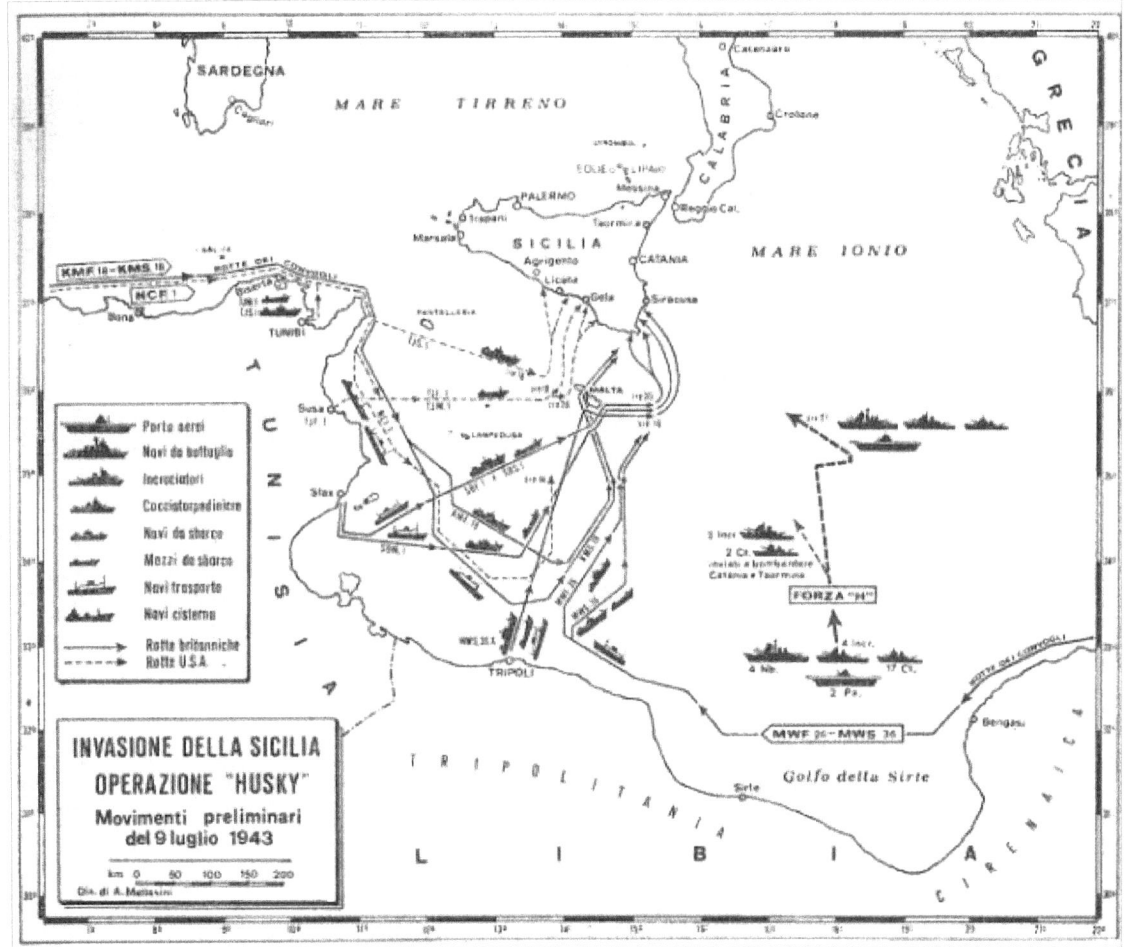

▲ Cartina disegnata dal padre dell'autore, Antonio Mattesini.

*"Si ritiene che il nemico sia pronto per iniziare operazioni sbarco in Sicilia et eventualmente con carattere diversivo in Sardegna alt Inizio dette operazioni dipende da svolgimento fase preparatoria aerea cui durata non est prevedibile ma che potrebbe essere anche molto breve".*

In definitiva, nessun elemento di reparto terrestre, navale e aereo tedesco lasciò per la Grecia e per altra località la Sicilia, che anzi fu notevolmente rinforzata, rendendo vano il tentativo dell'operazione "Mincemeat", il cui scopo principale era proprio quello di non farvi arrivare rinforzi. È questo è un fatto incontestabile.

Non si vede proprio come il cadavere di Glyndwr Michael *"possa aver cambiato le sorti della seconda guerra mondiale"*, che è ancora oggi in molti l'opinione corrente. E il film *The Man Who Never Was* (*L'uomo che non è mai esistito*), del 1956, con il grande attore americano Clifton Webb nella parte del principale realizzatore del piano "Mincemeat", il comandante Ewen Montagu, che scrisse l'episodio in un libro da cui fu realizzato il film, è da considerare come un fatto storico reale che però, lo ripetiamo, a dispetto di quanto sono convinti in Gran Bretagna (e anche in Italia), non ebbe alcun risultato pratico. Servì, però, a portare a Montagu, improvvisato scrittore e sceneggiatore, fama e un mucchio di soldi.

Altro che *"l'inganno che ha cambiato la storia dell'umanità"*, com'è scritto in un sito italiano. Mi chiedo se descrivendo episodi storici, accecati dall'odio verso i nazisti e i fascisti, si possa essere più ingenui e sprovveduti. Si possono fare le più svariate considerazioni e contestazioni, ma un fatto e certo, non certo le idiozie. Tra le centinaia di documenti che ho consultato, alla fine la maggioranza delle opinioni degli Stati Maggiori, su dove sarebbero sbarcati gli anglo-americani, portava sempre ad una conclusione: la Sicilia. Ed era la Sicilia, più che la Sardegna che veniva, nei limiti delle possibilità, continuamente rinforzata da italiani e tedeschi, che però non mancarono di preparare per entrambe le isole piani d'azione. Essi prevedevano anche l'intervento della flotta italiana, particolarmente raccomandato da Berlino e dall'OBS; e quest'ultimo s'impegnò ad assicurarne l'indispensabile scorta aerea con i suoi reparti da caccia. Com'è noto, le navi italiane, facendo irritare i tedeschi, non intervennero perché troppo grande era il divario di forze navali degli Alleati che appoggiarono lo sbarco in Sicilia. Risulta che anche Mussolini ne era consapevole, e poiché la Marina avrebbe potuto impiegare contro il nemico soltanto due corazzate e cinque incrociatori, al momento disponibili, da persona comprensiva il Duce non fece alcuna opposizione quando il 10 luglio fu informato dall'ammiraglio Riccardi. La sintesi degli avvenimenti, che portarono allo sbarco in Sicilia nel periodo 1° luglio – 10° luglio, compilata da Supermarina, si trova nel Documento n. 11.

▲ La lapide sulla tomba di Martin nel cimitero di Huelva. Da *Wikipedia*. Inizialmente vi si leggeva: *"William Martin, nato 29 Marzo 1907, morto 24 Aprile 1943, l'amato figlio di Giovanni Glyndwyr Martin e Antonia Martin di Cardiff, Galles"*. Nel 1998 il governo britannico rivelò la vera identità di Michael, e oggi nella lapide modificata si legge: *"Glyndwyr Michael; in servizio nei Royal Marines come William Martin con il grado di maggiore"*.

# CAPITOLO 6

## L'IRRITAZIONE DEL MINISTRO DEGLI ESTERI TEDESCO JOACHIM VON RIBBENTROP

Dopo che gli Alleati erano sbarcati In Sicilia, il Ministro degli Esteri della Germania, Joachim von Ribbentrop, si rese subito conto che l'informazione segretissima che egli aveva ricevuto dalla Spagna il 12 maggio 1943, circa la i piani degli Alleati nel Mediterraneo, e che riguardavano la Grecia e il Peloponneso, escludendo uno sbarco in Sicilia, era stato un falso ben architettato dal nemico. Pertanto il 29 luglio mandò un rimprovero all'Ambasciatore Diekhoff a Madrid, accusandolo di non essere stato particolarmente attento alle informazioni passategli che erano un falso attribuito *"alla possibilità di complicità spagnole in tutta l'operazione"*.
Sentendosi accusato di negligenza dal suo superiore Diekhoff, e avendo la massima fiducia sugli spagnoli che gli avevano passato le informazioni, rispose che nel consegnarli i documenti, da parte del Ministro degli Esteri Jordana e del Segretario del Ministero degli Esteri José Maria Doussinague, e successivamente parlandone con il Ministro della Marina Agustín Muñoz Grandes, nessuno voleva fuorviare la Germania sulla notizia, dal momento che i documenti erano stati controllati anche dal controspionaggio tedesco *"senza che ombra di dubbio fosse gettata sulla loro autenticità"*. Inoltre, l'informazione ricevuta dal Ministro degli Esteri Jordana il 15 giugno, e appresa dall'Alto Comando dello Stato Maggiore spagnolo, era significativa, perché faceva conoscere che il nemico si preparava a sferrare un attacco dal Nord Africa francese, con probabile obiettivo la Sicilia.
Non dandosi per vinto von Ribbentrop, si soffermò sul fatto che i documenti riferissero *"che era in progetto soltanto una finta contro la Sicilia … mentre invece contro la Sicilia fu sferrato l'attacco principale"*. Ciò portava a concludere, egli conclude, che i documenti britannici erano stati fabbricati *"allo scopo di non far adottare in Sicilia alcun provvedimento difensivo, o provvedimenti insufficienti …, ed occorreva conoscere se effettivamente "gli inglesi fabbricarono di proposito tali documenti e procurarono che cadessero in mano spagnole affinché arrivassero fino a noi per vie traverse. Resta da vedere soltanto se gli spagnoli, accortisi del gioco, ci attirarono scientificamente su una pista falsa oppure se anche loro furono giocati dall'Intelligence Service"*.
Diekhoff, ribadendo di avere piena fiducia su quanti gli avevano passato l'informazione, rispose che *"coloro che gli avevano parlato dei documenti rilevandone l'importanza, come lo Stato Maggiore Generale spagnolo, che li notificò alla nostra Abweher, anch'essi evidentemente vi prestavano piena fede"*.

Diekhoff era convinto che i piani fossero veri, e che fossero stati cambiati dagli anglo-americani quando si accorsero che erano caduti nelle mani degli spagnoli, scegliendo come altro obiettivo la Sicilia.
Ribbentrop, evidentemente irritato, facendo rispondere tramite un suo subordinato, restò invece convinto che si era trattato di una manipolazione d'inganno britannica.
Comunque, nonostante lo stato di umiliazione che vi era a Berlino capendo che erano stati ingannati dall'Intelligence britannica, l'importanza che ne deriva da tutta questa storia è che i britannici non ottennero alcun vantaggio, perché gli italiani e l'O.B.S. non cascarono nel tranello, e nel mese di giugno e primi di luglio 1943 il rafforzamento della Sicilia fu realizzato secondo quanto era stato pianificato per la difesa dell'isola. E lo sbarco non arrivò inatteso[71].

*\*\*\**

Concludendo. Gli errori che si debbono accreditare a quanto scritto Montegu e al Servizio Informazioni britannico sulla convinzione del pieno successo dell'operazione "Mincemeat", sono stato riportati in articoli pubblicati dal professor Klaus-Jurgen Muller, e sono condivisibili[72].
Constatando che gli argomenti scritti sui risultati finali della "Mincemeat" erano dettagliati e reali, tanto da convincere inizialmente Hitler e il personale operativo dell'OKW, Muller ha sostenuto che non era sufficiente riportare i movimenti militari delle forze tedesche, come causa della "Mincemeat", senza una ricerca dettagliata negli archivi germanici, da cui risulta che alcuni dei movimenti di truppe erano già stati decisi prima dall'OKW.

---

71 Frederick W. Deakin, *Storia della Repubblica di Salò*, cit., p. 381-383.
72 *A German Perspective on Allied Deception Operations in the Second World War* e *Intelligence and National Security*.

Alcuni degli altri movimenti che Montegu presumeva fossero una risposta alla "Mincemeat" non lo erano; era corretta la conoscenza dell'invio della 1ª Divisione corazzata in Grecia, ma non quello del trasferimento del feldmaresciallo Erwin Rommel in Grecia per assumere il Comando delle forze tedesche, poiché in realtà quell'incarico fu ricevuto il 23 luglio in seguito all'operazione "Animals"; ossia all'attività del SOE britannico per l'organizzazione del sabotaggio da parte della resistenza greca.

Alcuni dei presunti ordini di battaglia citati da Montegu e dall'Intelligence britannica erano errati. La principale preoccupazione strategica di Hitler e dell'OKW, non era tanto la probabilità, attesa, che gli Alleati sbarcassero in Sicilia, ma che avvenisse il crollo dell'Italia o la diserzione verso gli Alleati, e di mettere in sicurezza i Balcani, motivo per cui ancor prima della "Mincemeat" i tedeschi avevano concordato con gli italiani di rinforzare le loro posizioni in Grecia, a Creta e nel Dodecaneso.

Errato è il concetto che, causa la "Mincemeat", la difesa della Sicilia era stata spostata verso est e a nord (in Sardegna), e che fino al 12 luglio, a tre giorni dallo sbarco, vi fosse nell'Asse il convincimento che si trattasse di un diversivo. Anche uno sbarramento di mine tedesche attuato il 20 maggio sulle coste della Grecia, assieme ad un incremento della difesa costiera, erano elementi già stati programmati da italiani e tedeschi; e altrettanto errata è l'affermazione che fosse stata inviata una forza di carri armati tedeschi in Corsica, poiché anche questa misura era già stato decisa prima della "Mincemeat", accordandosi con gli italiani per il trasferimento della brigata d'assalto "SS Reichsführer", per rinforzare le difese dell'isola.

Inizialmente, come risulta da un colloquio presso il Duce del 17 aprile 1943, con il feldmaresciallo maresciallo Kesselring e il colonnello Ernest-Gunter Baade, incaricato di sovrintendere alla organizzazione delle truppe tedesche che si trovavano in Sicilia, fu portato a conoscenza di Mussolini che la Brigata d'Assalto "SS Reichsführer" era già in afflusso in Sardegna, tranne poi destinarla alla Corsica, poiché in Sardegna sarebbe stata inviata la 90ª Divisione Panzergrenadier[73]. Quindi, lo spostamento della Brigata d'Assalto non era conseguenza dei documenti della "Mincemeat", poiché il suo arrivo in Italia era iniziato molto tempo prima.

Non risulta dai documenti che unità navali tedesche (torpediniere) avessero lasciato i porti italiani per trasferirsi in Egeo, ma svolgevano soltanto movimenti che riguardavano la scorta dei convogli marittimi nel Tirreno e tra l'Italia e l'Egeo.

Infine, qualcosa di ridicolo. Si è scritto che tramite una intercettazione del GC&CS (Government Communications Headquarters), il 9 luglio, quattro ore prima dello sbarco, i tedeschi avevano rinforzato le forze della Sardegna con ventuno aerei. Lo spostamento degli aerei non riguardava la protezione della Sicilia, poiché ai primi di giugno 1943 tutte le forze da bombardamento italiane e tedesche, per sottrarle agli attacchi distruttivi dell'aviazione anglo americana, era state trasferite dalla Sicilia e dalla Sardegna negli aeroporti dell'Italia, in particolare negli aeroporti della Puglia. I ventuno aerei erano stati trasferiti in Sardegna al solo scopo di poter attaccare, in un momento decisivo dello sbarco in Sicilia, i convogli d'invasione degli Alleati in movimento lungo le coste dell'Algeria e della Tunisia. Queste azioni si susseguivano continuamente con formazioni di bombardieri anche molto grandi, con obiettivi i mezzi da sbarco nei porti di Biserta, Bona, Philippeville, ecc. Effettuata l'operazione, i velivoli rientravano dalla Sardegna alle loro basi nell'Italia peninsulare[74].

Da tutte queste considerazioni, siamo completamente in disaccordo con quanto ha scritto nella prefazione ad un suo libro lo storico britannico Denis Smith, ossia che: "*attraverso un cadavere*", di un'operazione, la "Mincemeat", che praticamente non ha portato ad alcun risultato né strategico né tattico, "*era stato fantasiosamente realizzato e ingegnosamente ed audacemente eseguito … uno degli stratagemmi più complessi mai tentati nel annali di guerra*"[75].

Ne consegue che gli Alleati non avevano conseguito alcuna sorpresa tattica, perché già da quasi tre settimane, ossia almeno dall'inizio della terza settimana di giugno al 10 luglio 1943, italiani e tedeschi avevano la certezza che lo sbarco sarebbe avvenuto in Sicilia, dove gli schieramenti difensivi, con i rinforzi già arrivati, erano stati attuati, con la decisione di una difesa mobile nell'entroterra piuttosto di una difesa statica delle spiagge. Purtroppo, sarebbero potuti arrivare maggiori rinforzi di uomini e mezzi, già disponibili in Italia, ma ciò fu impedito dalla mancanza di mezzi navali di trasporto nello Stretto di Messina, e dalla difficoltà di percorrere

---

73 SMEUS, *Diario Storico del Comando Supremo*, Volume IX (1.1.1943-30.4.1943), Tomo II, *Allegati*, Roma, 2000, p. 353-354.
74 Francesco Mattesini, *Gli aerosiluranti italiani e tedeschi nella seconda guerra mondiale (1940-1945). Successi e Delusioni*, Volume 1° e 2°, Luca Cristini Editore, Zanica (BG), ottobre 2022. Vedi anche, Francesco Mattesini, *Gli aerosiluranti italiani e tedeschi nella seconda guerra mondiale (1940-1945). Successi e Delusioni*, Volume 1° e 2°, Luca Cristini Editore, Zanica (BG), ottobre 2022.
75 Smith Denis, *Deathly Deception*, Oxford University Press, 2010.

▲ Il ministro degli estri del Terzo Reich Joachim von Ribbentrop. Bundesarchiv

▲ il Ministro della Marina spagnola Agustín Muñoz Grandes, qui con la divisa tedesca, e al collo la Croce di Cavaliere.

per via di terra le tortuose strade e le disagevoli ferrovie della Campania e della Calabria, in più punti interrotte dagli attacchi aerei degli Alleati. Si aggiungeva anche la mancanza di carri ferroviari per il trasporto dei mezzi da combattimento e delle truppe, perché impegnati nei servizi militari in tutta Europa.

Infine Hitler, a cui non mancava l'intelligenza, dopo un primo momento in cui ritenne che i documenti del maggiore Martin, consultati dagli esperti e ampiamente discussi, fossero veri, il 18 maggio, avendo ricevuto un rapporto sull'aumento dell'attività dell'aviazione strategica statunitense contro la Sicilia, ebbe un dubbio, e parlando con il generale della Luftwaffe Eckhard Christian chiese, riferendosi al cadavere di Martin: "*Questo corpo non potrebbe essere un inganno*".

E anche bene conoscere quale fosse la disponibilità delle forze tedesche in Grecia e nell'Egeo all'epoca dello sbarco in Sicilia. Da parte italiana erano in Grecia otto Divisioni di fanteria dell'11ª Armata (generale Carlo Vecchiarelli), tre delle quali considerate efficienti; da parte tedesca quattro Divisione, delle quali 11ª Divisione di fanteria, 104ª e 117ª Divisione cacciatori (Alpini), e 1ª Divisione corazzata, l'unica che disponeva di carri armati; a Creta la 22ª Divisione di fanteria germanica, e a Rodi la Brigata motorizzata SS "Rhodos". In Italia, vi erano invece le Divisioni Hermann Göring e 15ª Panzergrenadier (in Sicilia), erano arrivate la 16ª e "26ª Divisione corazzata, la 29ª Divisione Panzergrenadier, a cui si aggiunsero la 3ª Divisione Panzergrenadier, ritirata dal fronte russo, e la 1ª Divisione paracadutisti. In Sardegna si trovava la 90ª Divisione Panzergrenadier e in Corsica la Brigata d'Assalto "SS Reichsführer".

Quindi non si vede il motivo per cui, secondo gli stimatori della operazione "Mincemeat", la 1ª Divisione corazzata, andando in Grecia, considerata vitale per la Germania, sarebbe stata sottratta ai rinforzi per la Sicilia. Vi erano in Italia forze tedesche sufficienti per intervenire in Sicilia, ma le maggiori difficoltà, come abbiamo spiegato, erano quelle di farle affluire sull'isola per la mancanza di mezzi navali, che costituirono uno dei principali obiettivi dell'aviazione anglo-americana, e una delle carte vincenti degli alleati. Dopo lo sbarco del 10 luglio, la 29ª Divisione Panzergrenadier poté attraversare lo Stretto di Messina, e metà della 1ª Divisione paracadutisti fu trasferita in Sicilia per via aerea, con forti perdite causate dagli attacchi dei caccia anglo-americani.

Scarsa intelligenza o disinformazione? Oppure, ne ho la certezza, cercare a tutti costi di far apparire l'operazione "Mincemeat" una successo d'intelligence britannico, che in realtà fu un cocente insuccesso d'inganno? Da quanto hanno scritto Roskill, Playfair e Liddle Hart, per non parlare di Morison, appare che, sul presunto successo dell'operazione "Mincemeat", essi fossero alquanto indispettiti, rilevando che sul capire quale fosse l'obiettivo dello sbarco, (e quindi anche l'inganno della Grecia), erano stati più abili i Comandi e i servizi d'informazione italiani e tedeschi.

*\*\*\**

Un'ultima considerazione. Circa la identificazione della Sicilia quale obiettivo dello sbarco degli Alleati in Mediterraneo, il Servizio Informazione Militare del Comando Supremo italiano (SIM), ne era stato convinto fin dal 13 febbraio 1943, ritenendo che dopo la conquista della Tunisia gli Alleati sarebbero sbarcati sull'isola[76]. Né fecero ritenere il contrario le molte false informazioni che venivano riportate ad arte dai servizi d'informazione degli anglo-americani e notizie pervenute da nazioni neutrali a loro favorevoli, dove vi erano una quantità di agenti il cui compito era quello di compiere, nei riguardi della Germania e dell'Italia, depistaggi e confusione.

Il generale Cesare Amè, Capo del SIM, riferendosi ai "*falsi documenti posti su un cadavere vestito da ufficiale inglese ed abbandonato in mare*", che secondo una pubblicazione britannica, creando confusione ed errati apprezzamenti, avrebbero costretto a sospendere i lavori di difesa della Sicilia, sostenne che queste considerazioni erano "*del tutto immaginarie*". E concluse affermando: "*I falsi documenti scritti di pugno dal Vice-capo dello S.M. Imperiale britannico*", non servirono al depistaggio, ma invece fecero confermare al SIM "*l'esatta valutazione*", ossia che l'obiettivo dello sbarco nemico era proprio la Sicilia[77].

---

[76] Anche il capitano di fregata Mario De Monte, Capo dell'Ufficio Servizio "B", dal quale dipendevano i servizi di Intercettazione Estera e dei crittografi del 5° Reparto Informazioni Segrete della Regia Marina (SIS), ha scritto in un suo libro del dopoguerra che, tra le tante notizie ricevute sulle operazioni degli anglo-americani "*L'ipotesi più verosimile era quella di uno sbarco in Sicilia*", che "*era stato previsto da tempo*". Cfr., Mario De Monte, *Uomini ombra, Ricordi di un addetto al Servizio Segreto Navale*, Nuova edizione marinara italiana, Roma, 1955, p. 227.

[77] Cesare Amè, *Guerra Segreta in Italia 1940 – 1943*, Gherardo Casini Editore, Roma,1954 p. 137).

Era, come abbiamo detto, anche la considerazione di Winston Churchill, che evidentemente, lasciando al generale Eisenhower il compito di autorizzare la fattibilità dell'operazione "Mincemeat", riteneva che italiani e tedeschi, *"tutti meno un dannato sciocco"* (Adolf Hitler), non sarebbero caduti nella trappola di Ewen Montegu.

Oggi sappiamo che gli schiocchi sono coloro che, facendo film e scrivendo romanzi e articoli sull'argomento, hanno alimentato il presunto successo di una operazione, la "Mincemeat", che assolutamente non funzionò. In definitiva gli illusi sono ancora oggi nel Regno unito, e gli ingenui, frutto dell'ignoranza, tra tutti coloro che, in particolare in Italia, hanno creduto e glorificato quella macabra messa in scena.

Fortunatamente da parte britannica abbiamo un ottimo sunto sulla campagna di Sicilia da parte di Liddell Hart, che scrisse[78]:

*"Passarono due mesi prima che gli Alleati sfruttando la vittoria conseguita in Tunisia, sbarcassero in Sicilia il 10 luglio. Anche allora per fronteggiare l'attacco di otto divisione alleate c'erano nell'isola soltanto due divisioni germaniche [le sei divisioni italiani, tranne alcuni reggimenti di artiglieria, si erano sbandate con un vergognoso "tutti a casa"]. Ma i tedeschi, pur essendo privi di appoggio aereo e ricevendo soltanto due divisioni di rinforzo, riuscirono a contenere l'esercito d'invasione, che aveva ricevuto rinforzi ben maggiori. Dopo aver ritardato l'avanza delle armate alleate fino alla metà di agosto, i tedeschi si sottrassero alla caccia ritirandosi attraverso lo stretto di Messina grazie ad un'efficace protezione antiaerea. Il feldmaresciallo Kesselring, comandante in capo delle forze tedesche nell'Italia meridionale, fu ben lieto del periodo di respiro procuratogli dalle truppe germaniche in Sicilia; ma trovò anche un notevole sollievo quando esse ripararono sane e salve in Calabria perché aveva temuto che l'avversario, con uno sbarco sulla punta dello stivale italiano, potesse bloccare la loro ritirata mentre erano ancora impegnate in Sicilia.*

Questo fu l'esito della campagna di Sicilia, in cui l'operazione "Mincemeat" non ebbe alcuna influenza.

▲ Altra immgine di Joan Leslie, la giovane segretaria che lavorava nell'ufficio del capitano di corvetta Montagu, promossa a fidanzata dell'uomo che non esite....

---

78 B.H. Liddell Hart, *Storia di una sconfitta. Parlano i generali del III Reich*, Rizzoli, Milano, 1973 (3ª edizione), p. 385.

# DOCUMENTI

Documento n. 1

## UFFICIO ADDETTO MILITARE BERLINO

TELEGRAMMA IN ARRIVO

**Per telescrivente cifrato**

Da Comando Supremo

Partito il 13 Maggio 1943 ore 01,35
Giunto il 13 Maggio 1943 ore 03,00

(*Testo*)

Numero 12959/Op. di prot. alta *Papa*

Si trasmette seguente telegramma del DUCE con preghiera di farlo pervenire al più presto al Führer alt

"Führer, la situazione in Mediterraneo pone in primo piano la difesa delle isole italiane, il cui possesso darebbe al nemico grandi possibilità su tutto il fronte europeo meridionale alt Per potenziare quella difesa occorrono più che truppe mezzi dei quali come sapete siamo in difetto alt Vi ringrazio dell'offerta fatta di inviare cinque divisioni ma giudico sufficiente limitarle a tre da dislocare rispettivamente in Sardegna in Sicilia in Puglie alt Queste divisioni come tutte le altre unità germaniche già in Italia passano per dislocazione ed impiego alle dipendenze dei comandi italiani competenti per territorio e per giurisdizione tattica alt Oltre alle sopradette tre divisioni vi ripeto la necessità di disporre per l'urgente invio di almeno trenta squadriglie da bombardamento; di cinquanta batterie da 88 mm. di sei battaglioni carri (tre per la Sicilia, due per la Sardegna uno per la Corsica) minimo indispensabile per mettere a punto la difesa delle isole alt

Poichè manca il tempo per l'addestramento questi reparti dovrebbero esserci concessi con il relativo personale alt Con la fine delle operazioni in Africa e dato che le truppe germaniche in territorio italiano fanno capo allo Stato Maggiore dell'Esercito la Führungabteiilung rientra all'O.B.S. e si crea un organo di collegamento tra O.B.S. e Stato Maggiore Regio Esercito alt

Ricevete Führer i miei sempre camerateschi saluti alt Mussolini"

D'ordine Generale Silvio Rossi
(23301205)

**Documento n. 2**

## Questa lettera diretta al generale Sir Harold Alexander era datata 23 aprile 1943.

Personale e Segretissimo

Mio caro Alex,

Approfitto per inviarvi una lettera personale a mano di uno degli ufficiali di Mountbatten, per darvi la storia interna del nostro recente scambio di cablogrammi sulle operazioni nel Mediterraneo e sui relativi piani di copertura. Potresti aver pensato che le nostre decisioni fossero in qualche modo arbitrarie, ma posso assicurarti che il C.O.S. Il Comitato ha tenuto in massima considerazione sia le Sue raccomandazioni che quelle di Jumbo.

Abbiamo avuto informazioni recenti che i Boche [tedeschi] hanno rafforzato e rafforzato le loro difese in Grecia e Creta e C.I.C.S. sentivamo che le nostre forze per l'assalto erano insufficienti. Fu concordato dai capi di stato maggiore che la 5ª divisione dovesse essere rinforzata da un gruppo di brigate per l'assalto alla spiaggia a sud di Capo Araxos e che un rinforzo simile dovesse essere fatto per la 56ª divisione a Kalamata. Stiamo assegnando le forze e le spedizioni necessarie.

Jumbo Wilson aveva proposto di selezionare la Sicilia come obiettivo di copertura per "HUSKY"; ma l'abbiamo già scelto come copertura di "BRIMSTONE". Il C.O.S. Il Comitato ha ripreso l'intera questione in modo esaustivo ed è giunto alla conclusione che, in considerazione dei preparativi in Algeria, dell'addestramento anfibio che avrà luogo sulla costa tunisina e dei pesanti bombardamenti aerei che saranno soppressi per neutralizzare gli aeroporti siciliani, dovremmo attenerci al nostro piano di fare la copertura di "BRIMSTONE" - in effetti, abbiamo ottime possibilità di fargli pensare che andremo per la Sicilia - è un obiettivo ovvio e dovrebbe essere nervoso. D'altra parte, ritenevano che non ci fossero molte speranze di convincere i Boche che i vasti preparativi nel Mediterraneo orientale erano diretti anche alla Sicilia. Per questo motivo hanno detto a Wilson che il suo piano di copertura dovrebbe essere qualcosa di più vicino al punto, ad esempio il Dodecaneso. Dal momento che le nostre relazioni con la Turchia sono ora così ovviamente più strette, gli italiani devono essere piuttosto preoccupati per queste isole.

Immagino che sarai d'accordo con queste argomentazioni. So che al momento avrai le mani più che occupate e non hai avuto molte possibilità di discutere operazioni future con Eisenhower. Ma se per caso vuoi sostenere la proposta di Wilson, spero che ce lo farai sapere presto, perchè non possiamo rimandare ancora a lungo.

Mi dispiace molto che non siamo riusciti a soddisfare i tuoi desideri sul nuovo comandante della Brigata Guardie. Il tuo stesso candidato è stato colpito da un brutto attacco di influenza e probabilmente non si arrenderà davvero per qualche altra settimana. Senza dubbio, tuttavia, conosci personalmente Forster; si è comportato molto bene al comando di una brigata in patria ed è, credo, il miglior compagno disponibile.

Devi essere stufo quanto noi dell'intera questione delle medaglie di guerra e dei "Purple Hearts". Siamo tutti d'accordo con te sul fatto che non vogliamo offendere i nostri amici americani, ma c'è molto di più. Se le nostre truppe che prestano servizio in un particolare teatro dovessero ottenere decorazioni extra semplicemente perchè gli americani prestano servizio anche lì, ci troveremo di fronte a una buona dose di malcontento tra quelle truppe che combattono altrove forse altrettanto amaramente - o più COSÌ. La mia sensazione è che dovremmo ringraziare gli americani per la loro gentile offerta, ma dire con fermezza che causerebbe troppe anomalie e ci dispiace non poter accettare. Ma è all'ordine del giorno della prossima riunione dei membri militari e spero che presto prenderete una decisione.

Buona fortuna
Tuo di sempre,
Archie Nye

Documento n. 3

## SUPERMARINA

MESSAGIO IN ARRIVO

N. 1905                                                                                           9 Maggio 1943

Ore 0040

*Riservato Personale*

Trasmittente: UFFICIO GERMANICO TRASMISSIONE TRAFFICO AT SUPERMARINA

Comando Supremo Marina Germanica (OKM) 1 SKL comunica ore 215509 quanto segue:

*Riservato alla persona*

K O in Spagna comunica che est stato messo in terra in Spagna un corriere inglese. Aveva con se una lettera personale del Chief of the Imperial Generale Staff indirizzata al Generale Alexander in data 23 aprile.

1) Sono progettate due imprese di sbarco, nominativo "HUSKY" et "BRIMSTONE".

2) "HUSKY" probabilmente significa Grecia. Ad ogni modo est previsto il rinforzo della 5ª Divisione per attaccare Capo ARAXS et della 56ª Divisione per attaccare Calamata.

3) "BRIMSTONE" significa probabilmente una impresa nel Mediterraneo occidentale.

4) Sono proposte per l'impresa "HUSKY" una impresa finta sul Dodecaneso e per l'impresa "BRIMSTONE" una impresa finta sulla Sicilia.

5) K O in Spagna manderà copie degli originali.

                                                                        Ufficio Germanico
                                                                        Protezione Traffico

S.I.S. Uff/B

Documento n. 4

## Bozza di lettera compilata intorno al 9-10 Maggio 1943 SUPERMARINA

[bozza di lettera non spedita]

Prot. N. ….                                                                                          XXX, li ……………………...

*Segreto Riservato Personale*

ARGOMENTO : *Intenzioni operative del nemico.*

AL COMANDO SUPREMO – P.M. 21

1°) Si segnalano particolarmente attendibile le tre informazioni allegate.

2°) La prima (allegato 1) e la seconda (allegato 2) concordano nel ritenere imminente l'esecuzione di operazioni di sbarco in Mediterraneo Occidentale e nello escludere siano dirette contro le coste e le isole della Spagna.

Restano quindi, quali probabili obiettivi, la costa della Provenza, la Sardegna e la Sicilia.

L'intensificarsi delle azioni aeree sui porti siculi, i vantaggi derivanti dalla conquista delle posizioni della Tunisia, la possibilità di ottenere il controllo del Canale di Sicilia mediante il possesso della Sicilia occidentale porterebbero a concludere che questa è l'operazione che il nemico tenterà per prima.

Però lo schieramento attuale dei mezzi da sbarco è maggiormente predisposto per un attacco alla Sardegna.

Fino a quando questo schieramento non venga modificato e fino a quando non siano eseguiti i lavori per la messa in efficienza anche parziale delle posizioni navali ed aeree della Tunisia (dragaggio – apertura anche parziale dei porti e degli aeroporti), si deve ritenere che il primo obiettivo del nemico sia la Sardegna e che eventuali azioni contro la Sicilia (come quelle aeree dell'8-9 maggio) siano una finta od abbiano altri scopi contingenti (rendere difficile il rifornimento e la protezione aerea delle nostre forze concentrate sulla penisola di Capo Bon).

3°) Tale apprezzamento trova conferma nella terza informazione (allegato 3).

Questa prevede due operazioni di sbarco, una nel Mediterraneo Occidentale, con finta verso la Sicilia ed obiettivo principale non precisato, ma che sembra logico supporre sia la Sardegna, ed una nel Mediterraneo Orientale che comprenderebbe una finta contro il Dodecaneso ed un'azione effettiva contro ala Morea mirante all'occupazione dei campi di aviazione di Araxos e di Calamata.

Queste precisazioni rendono particolarmente attendibile l'informazione.

L'operazione nel Mediterraneo Orientale diretta contro la zona più debole del nostro schieramento per la conquista di obiettivi di primaria importanza per le successive operazioni aeree risulta molto probabile.

Tuttavia per un'operazione del genere è necessaria una preventiva concentrazione in Levante di unità navali da trasporto e per scorta ai convogli. Il deflusso di tali unità attraverso il Canale di Sicilia richiederà qualche tempo e, comunque, non dovrebbe passare inosservato.

4°) In conclusione, allo stato attuale delle cose si deve presumere imminente un'operazione diretta alla occupazione della Sardegna, meno probabili risultano operazioni verso altri obiettivi.

IL CAPO DI STATO MAGGIORE

Annotazione: *Atti*.

**Allegato n. 1**

STATO MAGGIORE DELLA REGIA MARINA

9 Maggio 1943-XXI

N. 33877 – Fonte fiduciaria germanica (9/5/43) comunica:

Si ritiene come imminente (anche fine settimana) operazione di sbarco anglo-americana con obiettivo Francia meridionale aut isole tirreniche.

**Allegato n. 2**

## STATO MAGGIORE DELLA REGIA MARINA

9 Maggio 1943-XXI

N. 33875 – Fonte particolarmente attendibile riferisce che Ammiraglio Gibilterra in conversazione con Ufficiale spagnolo ha accennato che sbarco est

questione di giorni (alt) Si ritiene fermamente che debbano escludersi operazioni contro territori aut isole spagnole.

**Allegato n. 3**

## UFFICIO GERMANICO PROTEZIONE TRAFFICO

9 Maggio 1943-XXI

N. 1905 – Comando Supremo Marina Germanica (OKM) 1 SKL comunica ore 215509 quanto segue

*Riservato Personale*

K O in Spagna comunica che est stato messo in terra in Spagna un corriere inglese. Aveva con se una lettera personale del Chief of the Imperial Generale Staff indirizzata al Generale Alexander in data 23 aprile.

1) Sono progettate due imprese di sbarco, nominativo "HUSKY" et "BRIMSTONE".

2) "HUSKY" probabilmente significa Grecia. Ad ogni modo est previsto il rinforzo della 5ª Divisione per attaccare Capo ARAXS et della 56ª Divisione per attaccare Calamata.

3° "BRIMSTONE" significa probabilmente una impresa nel Mediterraneo occidentale.

4°) Sono proposte per l'impresa "HUSKY" una impresa finta sul Dodecaneso e per l'impresa "BRIMSTONE" una impresa finta sulla Sicilia.

5°) K O in Spagna manderà copie degli originali.

**Documento n. 5**

## UFFICIO ADDETTO MILITARE
## BERLINO

TELEGRAMMA IN PARTENA

**Per telescrivente cifrato**

Indirizzato a Comando Supremo					Berlino, li 14 maggio 1943 ore 09,50

(*Testo*)

Numero 765/S di prot. alt *Papa*

Trasmetto seguente risposta del Führer al telescritto 12959/Op data 13 corrente alt: Comincia testo risposta alt

"Duce. In possesso telescritto ricevuto oggi tramite Vostro Generale presso mio O.K.W. sono con Voi della convinzione che la difesa delle isole italiane est entrata ormai in primo piano. Sono d'accordo anche con Voi che anzitutto occorre provvedere ai mezzi di difesa idonei ivi compresi i rifornimenti per una lunga lotta. In merito posso riferirmi alle forniture tedesche di artiglieria, virgola armi controcarro et munizioni come anche al mio continuo insistere, recentemente ancora coll'invio del grande ammiraglio, per tempestivamente provvedere ai necessari rifornimenti alle isole. In quanto all'invio delle truppe tedesche non ho intenzione di inviare cinque divisioni. Tenuto conto della propria situazione mi sono limitato piuttosto a chiedere il Vostro consenso perchè la divisione "Hermann Göring venga raccolta e completata attorno ai nuclei che già si trovano in Italia e perchè venga presa in considerazione il trasporto della prima divisione paracadutisti. Come terza delle divisioni da Voi ritenute sufficienti potrebbero valere le unità tedesche impiegate attualmente nelle isole italiane virgola le quali in Sicilia, considerate secondo la loro forza numerica e non la loro efficienza combattiva, costituiscono due deboli reggimenti virgola e in Sardegna poco più di un battaglione rinforzato. A queste si aggiungono ancora le unità germaniche che con il Vostro consenso vengono attualmente costituite nell'Italia meridionale dai contingenti che erano destinati per la Tunisia et che principalmente dovrebbero servire al rinforzo graduale dei gruppi di combattimento tedeschi dislocati nelle isole. Quasi tutte queste unità sono improvvisate con residui di reparti, battaglioni di marcia virgola militari in licenza e rientrati da luoghi di cura. Per la loro sollecita organizzazione e per il loro efficace addestramento est stato perciò da me previsto anche un comando di corpo d'armata germanico che in caso di necessità sarà a Vostra disposizione anche per l'impiego tattico. Oltre ciò sono da me previste truppe tedesche della effettiva forza massima di tre divisioni complessivamente per rinforzare la difesa dell'Italia e delle isole le quali tuttavia possono messere impiegate sulle isole gradualmente soltanto in corrispondenza alla situazione dei rifornimenti. Sole forze tedesche che attualmente si trovano in Italia, et che complessivamente sono molto inferiori alla forza di una divisione sono state finora indicate come tre divisioni ciò est avvenuto solamente per trarre in inganno il nemico e virgola per questo motivo, sarebbe sconsigliabile di mantenere tale indicazione. I miei ordini per dotare i reparti in Sicilia et Sardegna con unità carri armati sono già stati impartiti. In merito Vi prego di considerare che un impiego con successi di questi battaglioni carri armati richiede anche una corrispondente intelaiatura di truppe tedesche, et est condizionato da unità di comando, addestramento et armamento. In corrispondenza al Vostro desiderio ho disposto che anche in Corsica affluiscano i necessari rifornimenti per potervi fra breve impiegare un battaglione carri armati nel quadro di circa un reggimento rinforzato virgola il quale ugualmente sarebbe sottratto alle tre divisioni. Le truppe germaniche in Italia saranno sottoposte territorialmente et, appena pronte all'impiego virgola anche tatticamente alle dipendenze dei competenti comandi italiani; come anche corrisponde ai miei desideri l'assunzione della Führungabteilung dell'O.B.S. da parte del Comando stesso sud. Quale organo di collegamento tra l'O.B.S. e lo Stato Maggiore dell'Esercito italiano est a disposizione il generale von Rintelen. Vi prego Duce di impartire al più presto i necessari ordini in modo che i trasporti possano procedere senza ritardi.

Per quanto riguarda la situazione aeronautica, i reparti che si trovano attualmente in Italia sono sufficientemente dotati di personale. Mancano solamente gli apparecchi da caccia. Oltre ciò saranno forniti nel mese di maggio ulteriori 200 caccia. Con ciò la seconda flotta aerea sarà rinforzata in apparecchi da caccia per una forza di circa 34 squadriglie. Inoltre vengono attualmente trasformate 4 squadriglie da caccia italiane su apparecchi di modello tedesco. In quanto a formazioni da combattimento si trovano attualmente in affluenza 9 squadriglie delle quali sono già giunti 60 apparecchi e equipaggi pronti all'impiego. Oltre ciò saranno avviate in maggio ulteriori 6 squadriglie et in giugno altre tre squadriglie. Con l'affluenza di 18 squadriglie da combattimento viene quasi soddisfatta la Vostra richiesta . Inoltre due squadriglie di Stuka italiane sono in corso di trasformazione su materiale tedesco alt Attualmente si trovano in spedizione le seguenti artiglierie contro aeree: 71 pezzi da

88 mm, 18 pezzi da 37 mm, 30 pezzi da 20 mm, 27 mitragliere quadruple. In complesso 18 batterie pesanti e 6 leggere. Entro 10 giorni verranno ancora fatti fluire 48 pezzi da 88 mm. pari at 12 batterie pesanti. Seppure con queste 30 batterie pesanti non est ancora completamente soddisfatta la Vostra richiesta verrà peraltro tentato di far seguire al più presto le batterie ancora mancanti.

Come primo rimedio Vi prego di prevedere spostamenti dall'Italia settentrionale.

Accogliete Duce i miei cordialissimi saluti.

Firmato Adolf Hitler. Finisce.


O.K.W. prega comunicare ora presentazione al Duce questo telescritto. Generale Marras.

**Documento n. 6**

APPUNTI

RELATIVI AL COLLOQUIO SVOLTOSI A PALAZZO VENEZIA
IL 17 MAGGIO 1943-XXI

5 esemplari – 1° esemplare

**Presenti:**

IL DUCE

L'Ecc. il Generale d'Armata AMBROSIO

Il Feldmaresciallo KESSELRING

Il Generale von RINTELEN

*Mar Kesselring* – Durante il mio recente soggiorno in Sicilia ho avuto occasione di vedere le truppe tedesche e di esaminare il loro futuro compito. Per quanto riguarda la collaborazione italo-tedesca ho avuto dei contatti con l'Ecc. Roatta e col generale Monti. Tutti i vari problemi sono stati presi in considerazione.

*Duce* – Qual è la situazione generale.

*Mar. Kesselring* – Mancano ancora delle forze. Ho promessi all'Ecc. Roatta che avrei fatto tutto quanto sta in me.

*Duce* – A quale punto si trova l'organizzazione delle truppe tedesche?

*Mar. Kesselring* – Le forze disponibili corrispondono a due reggimenti ed un terzo. Manca ancora parte dell'artiglieria. Fra 10 o 14 giorni al massimo la divisione sarà completamente a posto (un reggimento a Trapani, uno a Palermo, sono questi dei nuclei reggimentali robusti).

*Duce* – E carri?

***Mar. Kesselring*** – Attualmente ne abbiamo 56, che dovevano andare in Tunisia e che sono stati trattenuti. Formano già un reparto organico. L'Ecc. Roatta era dell'idea di riunirli in mezzo all'isola. Da parte mia l'ho sconsigliato, facendo presente che il "Tiger" è molto potente, ma la sua velocità è limitata. Proporrei invece la dislocazione di parte di questi carri ad est e parte ad ovest.

Ho esaminato anche tutto quanto riguarda la difesa passiva, principalmente quanto si riferisce ai campi d'aviazione. Sono molto vicini alla costa e quindi vi sono due soluzioni: o assicurarne la difesa oppure distruggerli.

***Duce*** – Il centro della Sicilia è collinoso e non si presta per campi di atterraggio. Bisogna quindi difendere quelli che abbiamo.

***Mar. Kesselring*** – Le batterie contraeree, che poi sono anche controcarro, offrono una possibilità di difesa abbastanza buona. Possono essere pure impiegate per la difesa antisbarco. Queste batterie, come si vede, hanno compiti multipli e costituiscono un robusto complesso. La difesa dei campi sarà completata con mine.

10.000 sono già in Italia, altre 120.000 sono in via di afflusso.

***Ecc. Ambrosio*** – Anche in Sardegna mancano le mine.

***Mar. Kesselring*** – Si, ma arrivano queste 120.000 e poi anche del filo. Non c'è però naturalmente la possibilità di difendersi esclusivamente dietro a campi minati e filo. Bisogna lavorare giorno per giorno, febbrilmente.

Da recente fotografia aerea risulta che il concentramento mezzi navali nel porto di Djidjelli ha subito un certo aumento, ieri non era più possibile provvedere, altrimenti avrei sospeso l'azione di bombardamento su Bona e scelto questo obiettivo. Per questa sera è già previsto un attacco in forze.

L'Ecc. Roatta dice che fra due o tre mesi tutta l'organizzazione dovrebbe essere a punto (costruzione di capisaldi).

***Duce*** – Sono dell'idea che l'attacco principale verrà da Malta e non dalla Tunisia.

***Mar. Kesselring*** – Per quanto concerne Malta, da quando ho rilevato da fotografie aeree, le forze navali ivi dislocate non sono tali da far ritenere un'azione contro la Sicilia. Una sola nave di quelle presenti si presta al trasporto di truppa per uno sbarco, tutte le altre sono navi da guerra.

***Ecc. Ambrosio*** – Ritengo che uno sbarco verrebbe tentato agli estremi e non al centro. ***Mar. Kesselring*** – Attualmente gli inglesi non hanno la disponibilità necessaria di navi portaeree, mentre dalla Tunisia e da Malta hanno la possibilità di coprire eventuali azioni con l'aviazione da caccia. Questa possibilità è da prendere in considerazione.

*Ecc. Ambrosio* – Ritengo più probabile che azioni aeree vengano effettuate sull'Italia, qualche azione da sbarco agli estremi dell'isola.

*Duce* – In questi casi è sempre meglio considerare l'ipotesi peggiore.

*Mar. Kesselring* – Dato il numeroso materiale presente a Djidjelli, la situazione va seguita costantemente.

*Duce* – Ho saputo della vostra prossima partenza!

*Mar. Kesselring* – sono stato chiamato dal Fuehrer al suo Quartier Generale e perciò ho ritenuto doveroso presentarmi a voi.

*Duce* – Dite al Fuehrer che gli ho scritto. L'argomento principale è sempre quello della difesa (carri armati, armi contraeree e contro carro). Ritengo che con tre divisioni organiche tedesche possiamo essere tranquilli per l'Italia, la Sicilia e la Sardegna.

*Ecc. Ambrosio* – (ho saputo che è intenzione di aumentare il numero dei battaglioni in Sicilia e in Sardegna. Ritengo però che queste forze ancora sparse in Italia hanno bisogno di essere riunite).

*Duce* – Devono essere però tre divisioni organiche, con carri, artiglierie contraeree e controcarro. Fin dall'ottobre ha previsto un inasprimento delle azioni aeree su tutto il territorio italiano. Risulta quindi la necessità della difesa contro tali azioni. La popolazione è calma, ma c'è sempre il problema della vita della popolazione. Se essa vede che la difesa passiva è buona, è tranquilla. (Accenna all'azione du Civitavecchia).

*Mar. Kesselring* – Già prima che terminasse la campagna di Tunisia avevo dato l'ordine che tutto il campo d'azione dell'aviazione si spostasse. È stata aumentata la Flak. Però, data l'alta quota alla quale gli apparecchi anglo-americani agiscono, è difficile colpirli.

Quale sarebbe dunque l'argomento trattato nel vostro scritto, Duce, al Fuehrer?

*Duce* – La difesa contro le azioni aeree sul territorio in primo piano. Anche la difesa a mezzo della caccia. La popolazione vede che gli attacchi sono sempre più frequenti, mentre gli apparecchi abbattuti sono pochi (Es. a Cagliati: su 400 apparecchi incursori, abbattuti da noi 4 o 5).

*Mar. Kesselring* – Però erano meno di 400.

Per quanto riguarda la caccia si è resa necessaria una trasformazione nel relativo impiego. Questa trasformazione è in corso.

*Duce* – Comprendo, sempre quando si cambia sistema, si attraversa un periodo di crisi.

*Mar. Kesselring* – In quanto all'impiego di una divisione in Sicilia, dislocata per metà ad est e per metà ad ovest

*Duce* – Questo vedremo in futuro.

*Mar. Kesselring* – (Rappresenta l'eventuale difficoltà di trasporto per ferrovia di una divisione al completo, considerando la enorme quantità di materiale che attualmente viene trasportato).

*Ecc. Ambrosio* – Però la divisione "H. Goering" e la paracadutisti devono venire. La paracadutisti la mandiamo a Livorno, per il successivo avviamento in Sardegna. La "H. Goering" sarà avviata in Sicilia. Poi c'è la terza divisione formata dagli elementi che si raccoglieranno in Italia

*Mar. Kesselring* – Mi risulta che la ""H. Goering" doveva raccogliersi in zona di Napoli.

*Ecc. Ambrosio* – No, a Napoli c'è troppa roba, abbiamo disposto che si riunisse in Calabria. Forse il Feldmaresciallo non è ancora al corrente di ciò, perchè disposto appena stamane. appunto

*Ecc. von Rintelen* (prende appunto).

Documento n. 7

## STATO MAGGIORE R. AERONAUTICA SUPERAEREO

Ufficio Operazioni  Posta Militare 3300, li 1 Luglio 1943-XXI
Prot. N. 1B/10506

*Segreto*

OGGETTO: *Apprezzamento della situazione.*

    AL COMANDO 1ª SQUADRA AEREA

    AL COMANDO 2ª SQUADRA AEREA

    AL COMANDO 3ª SQUADRA AEREA

    AL COMANDO 4ª SQUADRA AEREA

    AL COMANDO AERONAUTICA SICILIA

    AL COMANDO AERONAUTICA SARDEGNA

Per opportuna conoscenza e norma si trasmette il seguente apprezzamento della situazione:

Molti sintomi fanno ritenere che il nemico abbia ultimato la sua preparazione è stia per iniziare il nuovo ciclo operativo. Sui probabili obiettivi e modalità di azione si può fare il seguente apprezzamento:

1. – Si deve ritenere che il nemico opererà in zone dove possa *usufruire del massimo appoggio aereo*.

Sotto questo punto di vista, tenuto conto dello schieramento aereo che secondo le informazioni in possesso, il nemico avrebbe assunto e delle possibilità offerte dai campi di Malta e di Pantelleria, si ritengono particolarmente esposte la Sicilia Sud orientale (da Siracusa a Gela) la Sicilia Sud occidentale (da Gela a Trapani) e, in misura minore, la Sardegna meridionale (Golfo di Cagliari).

2. – Le forze che il nemico dovrà imbarcare saranno rilevanti e comporteranno l'impiego di un gran numero di mezzi da sbarco.

Inoltre se, come probabile, il nemico intenderà evitare un forte contrasto diretto sfruttando periodi di crisi nella difesa determinati da intensi bombardamenti aerei locali, lo sbarco dovrà essere eseguito molto celermente.

Dovrà quindi *scegliere una zona che comprenda un porto* sul quale concentrare in un primo tempo le offese aeree e avviare in seguito la maggioranza dei mezzi per un rapidissimo sbarco *da eseguirsi di giorno*.

Tenuto conto delle difese locali e delle condizioni idrografiche si può rettificare la graduatoria di probabilità degli obiettivi nemici esaminati sopra e precisati come segue:

1°) Trapani – Sciacca

2°) Cagliari – S.Antioco

3°) Siracusa.

3. – Però lo schieramento di mezzi da sbarco del nemico ha ancora il suo centro di gravità molto a ponente.

Pur tenendo conto dei movimenti che possono essere eseguiti all'ultimo momento, si deve ritenere che *vi sono uguali probabilità che l'offesa nemica ssia diretta* contro *la Sardegna o contro la Sicilia*.

4. – Ultimo elemento da considerare è il notevole rinforzo della F.N. Battaglia inglese del Mediterraneo che conta oggi:

- 6 navi da battaglia

- 3 navi portaerei

- 20 incrociatori circa

- 60 cacciatorpediniere circa

Concludendo il rinforzo della flotta inglese del Mediterraneo è evidentemente un indice che *la preparazione nemica è praticamente completa*, pur non fornendo nessun elemento nuovo per precisare ulteriormente verso quale zona sarà diretto lo sforzo nemico.

p. IL CAPO DI STATO MAGGIORE

*F/to* Santoro

**Documento n. 8**

## SUPERMARINA

*Segreto Riservato Personale*

AVVISO

N. progressivo 9869 data 4 Luglio 1943-XXI

DESTINATARIO:

COMANDO SUPREMO

e, per conoscenza: SUPERESERCITO SUPERAEREO

CAPO SCORTE 2ª FLOTTA AEREA presso Supermarina per O.B.S.

Si trasmette il seguente apprezzamento di situazione formulato dal Comitato per le Ricognizioni Strategiche alle 180004.

- Mare in leggero peggioramento. Visibilità cattiva soprattutto lungo le coste del N.A.F.

- È stato esaminato lo schieramento delle forze aeree su notizie fornite da O.B.S. e da Superaereo. Le valutazioni numeriche concordano per il settore occidentale; differiscono sensibilmente per quello orientale per il quale Superaereo ritiene presenti forze superiori a quelle elencate da O.B.S.

Inoltre Superaereo stima più elevata la percentuale di velivoli normalmente pronti per l'impiego. Trattasi comunque di uno schieramento importante che per il settore algerino-tunisino, consente sicuramente un forte appoggio aereo ad operazioni offensive contro le nostre isole maggiori specialmente contro la Sicilia.

Nel settore orientale, per ora, le forze aeree non sembrerebbero sufficienti per appoggiare una operazione molto importante.

Nessuna notizia di variazione nello schieramento dei mezzi da sbarco.

Non si hanno altri elementi sulla dislocazione delle navi da battaglia e delle navi portaerei oltre quelli già segnalati.

Lo schieramento navale comprendendo due gruppi di sostegno nelle acque del Nord Africa francese, è già sufficiente come quello aereo, per iniziare le operazioni.

Non si ha però nessun indizio di inizio immediato.

RICCARDI

**Documento n. 9**

MESSAGGIO DI SUPERMARINA
TRASMESSO AI COMANDI DESTINATARI ALLE ORE 1930 DEL 7 LUGLIO 1943-XXI

| | |
|---|---|
| LITTORIO PER F.N.B. | per telearmonica [telefono segreto] |
| MARINA LA SPEZIA | telearmonica |
| MARINA NAPOLI | telearmonica |
| MARINA TARANTO | telearmonica |
| MARI PROVENZA | telearmonica |
| MARI CORSICA | posta |
| MARINA LA MADDALENA | telearmonica |
| MARINA MESSINA | posta |
| MARIMOREA | posta |

*Strettamente Riservato alla Persona*

Supermarina ………. alt Per vostro orientamento personale si trasmette seguente apprezzamento situazione attuale.

(Primo) Considerando quale unità di misura il complesso dei mezzi occorrenti per trasportare una divisione di fanteria rinforzata, si valutano come segue i mezzi da sbarco attualmente dislocati in Nord Africa: porti a ponente di Biserta due; Biserta e Tunisi tre e mezzo; Susa mezzo; Sfax uno; Tripoli uno.

(Secondo) Le forze terrestri, comprese le divisioni specialmente addestrate per sbarchi, le divisioni aviotrasportabili e i paracadutisti sono anch'esse in massima riunite in Tunisia.

(Terzo) Mancano elementi sicuri sullo schieramento aereo che è certo imponente; risultano però più di 400 velivoli specialmente da caccia sui campi di Malta, circa 1900 caccia e 1150 bombardieri in Nord Africa Francese e circa 190 quadrimotori in zona Bengasi.

(Quattro) Le sei navi da battaglia Inglesi ora presenti in Mediterraneo, le due navi portaerei e i due monitori recentemente arrivati, hanno lasciato Gibilterra e non è stato ancora possibile accertarne la dislocazione; si ritiene però che nessuna unità maggiore si sia portata a levante di Capo Bon.

(Quinto) Dal giorno quattro è stata iniziata azione aerea sistematica contro aeroporti Sicilia alt Azione si è venuta progressivamente intensificando ed estendendo anche porti Trapani – Porto Empedocle –Licata.

(Sesto) Si ritiene che il nemico sia pronto per iniziare operazioni sbarco in Sicilia et eventualmente con carattere diversivo in Sardegna. Inizio dette operazioni dipende da svolgimento fase preparatoria aerea cui durata non est prevedibile ma che potrebbe essere anche molto breve – 1830007.

**Ernest ZOLLING**

Colonnello di Stato Maggiore

Ex Capo Ufficio informazioni dell'OBS.

Neustadt, 29 ottobre

## 1947 SITUAZIONE DEL NEMICO PRIMA DELLO SBARCO IN SICILIA

Dopo che il nemico ebbe infranta la resistenza italo-tedesca in Nord Africa nel maggio 1943, per l'OBS fu chiaro che il nemico avrebbe in ogni modo cercato di sfruttare il risultato raggiunto. Visto nell'insieme la vittoria alleata in Nord Africa, che pure aveva consentito di eliminare completamente il nemico in quella zona, non poteva essere che una parte di una operazione di sviluppo. Gli alleati erano riusciti a portare un colpo durissimo all'alleanza italo-tedesca attraverso la distruzione dell'Armata d'Africa, privandola di valorosissimi combattenti e di materiale importantissimo.

Ma la parte più importante del successo era costituita dalla conquista di una larga base di partenza e di basi di attacco contro l'Europa meridionale. Il vantaggio del possesso di tali basi era ancora più sensibile a causa dell'inferiorità marittima ed aerea dell'Asse in Mediterraneo, che sottraeva quelle basi e possibilità di attacchi. A parte disturbi senza importanza, la marcia delle forze alleate di terra, del mare e dal cielo poteva svolgersi secondo i piani stabiliti.

Dopo aver constatato che la vittoria Tunisina, non era stata seguita da un immediato attacco contro l'Italia, l'OBS si convinse che gli alleati avrebbero preso tempo prima di iniziare successive operazioni.

I reparti alleati che la battaglia aveva fatto affluire sul territorio tunisino, sia quelli anglo-americani provenienti da ovest che quelli dell'attaccante 8ª Armata [britannica] provenienti da est, necessitavano di un lungo lasso di tempo per essere riorganizzati e preparati per la nuova azione.

Era da ritenere inoltre che sarebbero stati sottoposti ad una speciale istruzione per le operazioni di sbarco. Era anche probabile che, per diminuire il fattore rischio altre forze sarebbero state inviate dagli Stati Uniti e dall'Impero britannico. Nello stesso modo, anche le operazioni aeree contro i nostri aeroporti e comunicazioni arretrate, collegate all'operazione di sbarco, richiesero un certo tempo. Per tutte queste ragioni l'OBS non ritenne probabile il grande attacco prima della metà di giugno 1943. Dopo quell'epoca era invece da ritenere possibile l'inizio dell'operazione.

Le forze alleate che verso la fine dei combattimenti in Tunisia si trovavano dislocate in Nord Africa erano generalmente conosciute dal Comando tedesco, si per i contatti avuti durante l'azione sia per l'efficienza del Servizio Informazioni che era rimasto in funzione nel Nord Africa.

Anche la ricognizione aerea, che continuò a funzionare malgrado tutte le difficoltà incontrate, portò i suoi risultati.

A poco a poco le notizie sulle forze alleate nel Nord Africa divennero sempre più esatte e precise. Nell'insieme gli alleati disponevano di circa 20-25 divisioni pronte al combattimento; vi erano inoltre da considerare tutte quelle truppe dell'esercito con cui veniva garantita la Sicurezza dei paesi mediterranei – compreso l'Egitto ed il Medio Oriente.

Anche se non apparivano disponibili tutti mezzi da sbarco per fare affluire tutte quelle truppe in una sola ondata, era sempre da ritenere possibile il loro pronto impiego nella zona di combattimento con un sistema pendolare di trasporti.

Per giudicare la preparazione alleata alla prevista operazione di sbarco era assai importante il continuo completo controllo in continuità per quante divisioni a "Task Force" erano i mezzi da sbarco disponibili.

Al principio del luglio 1943 risultavano disponibili mezzi da sbarco per il trasporto di circa 12 divisioni. Naturalmente questi mezzi da sbarco, in caso di bisogno, potevano essere integrati da trasporti eseguiti con navi normali.

Secondo le notizie pervenute la massa delle forze alleate a metà giugno si trovavano in Tunisia e Algeria.

Le susseguenti notizie di continui trasferimenti di forze verso la Tunisia nonchè gli ammassamenti già esistenti in quella zona, lasciavano prevedere che la Tunisia sarebbe stata in ponte principale di lancio per lo sbarco.

Era da ritenere che le forze da sbarco sarebbero state in principio composte da soli reparti anglo-americani, in quanto i reparti francesi non erano ancora sufficientemente attrezzati ed istruiti. Era inoltre da ritenere che le divisioni americane ed inglesi, per quanto sotto l'unico comando del Generale Eisenhower, avrebbero operato raggruppate in un'armata americana ed in un'parmata inglese, per questioni di comando, impiego e rifornimenti.

Non era stato invece chiarito che avrebbe assunto il Comando dei reparti inglesi impegnati nello sbarco, in quanto erano disponibili il Comando della 1ª e dell'8ª Armata.

Attraverso il servizio di intercettazione radiotelegrafico l'OKW si era convinto che alla fine dei combattimenti in Tunisia l'8ª Armata fosse stata trasferita nel Medio Oriente.

Poichè l'OBS era di opinione assolutamente contraria, ci furono contrastati forti in quel periodo tra l'OKW e l'OBS sulla sorte dell'8ª Armata. L'OBS era a conoscenza del solo trasferimento in Egitto-Palestina della 2ª Divisione neozelandese, mentre, dalle notizie in suo possesso, risultava che gli altri reparti dell'8ª Armata erano rimasti nella zona Tunisina e Tripolina.

Per quanto fosse conosciuta, per lo meno dal punto di vista generale, la dislocazione dei reparti alleati non si potevano invece azzardare previsioni sulla condotta della guerra che avrebbe tenuto il nemico. Il servizio informazione degli alleati riuscì in quel tempo a mascherare assai bene i propri piani. Ciò fu ottenuto no attraverso la conservazione del più assoluto segreto, ma invece mediante la propaganda di un gran numero di notizie riguardanti probabili operazioni di sbarco che attraverso diverse fonti arrivavano al Comando tedesco, di cui in parte si contraddicevano e parte invece risultavano confermate. Era difficile nel gran numero di notizie pervenute distinguere il probabile dal vero. Come obiettivo di sbarco vennero ripetutamente indicate la Spagna, la Francia meridionale, l'Italia e la Grecia. Una speciale notizia di assoluta fiducia pervenuta a metà maggio parlava della Sardegna e del Peloponneso [operazione "Mincemeat"]. Anche la concentrazione delle forze alleate al centro della costa nord-africana di per se stesso non forniva una valida e sicura indicazione per prevedere le decisioni del Comando alleato. In definitiva i porti algerini e tunisini erano gli unici disponibili nel Mediterraneo occidentale e centrale da cui poter partire per eventuali operazioni di sbarco contro le coste meridionali europee.

L'OBS ritenne in prima linea probabile lo sbarco nella zona dove esso esercitava il suo Comando, e cioè "nella penisola appenninica e nelle isole adiacenti". Questa convinzione venne rafforzata da concomitanti notizie di agenti ed a metà giugno dall'avvenuta conquista delle isole di Pantelleria e Lampedusa (che però poteva essere interpretata come azione di mascheramento) nonchè dai sempre più violenti e numerosi attacchi aerei degli alleati contro le sistemazioni dell'Aviazione dell'Asse e contro le linee di collegamento e di traffico nella zona italiana.

Dai metodici e sistematici attacchi, che avevano causato la paralisi del traffico e dell'Aviazione dell'Asse, era possibile riconoscere che il colpo decisivo dell'Armata da sbarco stava per essere sferrato.

Quando nella seconda metà di giugno l'avvicinarsi dello sbarco divenne sempre più evidente, fu per il Comando tedesco di decisiva importanza poter stabilire con esattezza il tempo e il luogo dello sbarco stesso.

Tutti i mezzi disponibili furono impiegati in questo scopo: ricognizione aerea, intercettazione radiotelegrafica, esplorazione con sommergibili ed il servizio delle informazioni. Ma le contromisure del servizio informazioni degli alleati ridussero notevolmente le nostre possibilità. La ricognizione aerea riuscì solo raramente a passare attraverso la caccia nemica: contro la nostra intercettazione radiotelegrafica il nemico oppose il silenzio radiotelegrafico, i sommergibili furono tenuti lontani dalla caccia antisom del nemico e le notizie degli agenti che si trovavano in Nord Africa divennero sempre più scarse. Solo poche notizie di agenti di fiducia, e quasi sempre in ritardo, arrivarono al Comando tedesco. Si rivelò invece sicuro mezzo di esplorazione la continua osservazione dello Stretto di Gibilterra. Il traffico attraverso lo stretto, specialmente per quanto riguardava i tipi delle navi, consentì importanti e sicure deduzioni sui piani alleati.

Inoltre l'ingresso in Mediterraneo di navi da battaglia, specialmente delle corazzate inglesi a fine giugno – primi luglio 1943, era un chiaro segno che lo sbarco era imminente. L'arrivo al principio di luglio di diverse navi ospedali a breve distanza l'una dall'altra accentuava l'imminenza dell'azione. Le suppletive informazioni degli agenti in Tunisia e Algeria relativa a movimenti di truppa per via terrestre e marittima da ovest verso est avvalorarono decisamente le previsioni di un attacco a brevissima scadenza. Qualche notizia al principio di luglio indicava che nei porti tunisini erano in corso operazioni di imbarco. L'interpretazione di tutte le notizie di cui disponeva convinsero l'OBS che dal principio del mese di luglio lo sbarco poteva essere atteso da un giorno all'altro.

Mentre ben pochi dubbi potevano rimanere per quanto riguardava il tempo dello sbarco, della località dello sbarco non si era riusciti a sapere nulla. Non si avevano sicure notizie in merito e si può dire che non se ne ebbero finchè non fu avvistata la flotta da sbarco nemica. Il Comando tedesco poteva basarsi solo su segni ed indicazioni indirette.

A questi appartenevano i forti attacchi eseguiti al principio di luglio dall'aviazione alleata su aeroporti, punti di traffico ed obiettivi militari (concentramenti di truppe, fortificazioni, depositi di rifornimenti etc) in Sicilia, Calabria, Puglia.

Poichè la quasi totalità delle forze aeree in Mediterraneo degli alleati era impiegata per attacchi in quelle zone, si poteva quasi sicuramente concludere che esse avrebbero costituito il primo obiettivo dell'Armata destinata all'invasione.

Non si poteva essere certi che l'attacco contro la Sicilia fosse fine a se stesso, o che invece la conquista dell'isola fosse stata considerata dal Comando Alleto sotto il punto di vista di conquistare un punto di lancio per un successivo e quasi contemporaneo attacco alla parte meridionale della penisola italiana.

La conseguenza fu quella di dislocare in Sicilia anche parte delle riserve tedesche a disposizione, per cercare di fornire al nostro alleato almeno un certo sostegno.

Al Comando tedesco un punto appariva chiaro e fuori discussione: l'Italia, dopo l'avvenuta disfatta in Africa e dopo aver subito gli attacchi aerei alleati volti a distruggere nervi e città, attacchi che in conseguenza facilitavano il lavoro della Propaganda nemica, non potevano più opporre una decisa resistenza.

Popolo e armata italiani nell'estate del 1943 erano stanchi della guerra ed in ogni caso convinti nel loro intimo che era ormai impossibile ottenere una decisione della guerra con le armi.

Così nella prima decade di luglio l'Alto Comando tedesco era pieno di preoccupazioni per la situazione che si sarebbe prodotta nell'Italia meridionale. D'ora in ora il fulmine di uno sbarco alleato poteva colpire le vecchie culle della cultura mediterranea ed aprire un nuovo fronte di guerra sul territorio europeo.

Questa situazione d'alta tensione ed attesa ebbe termine nel pomeriggio del 9 luglio, quando un apparecchio da ricognizione comunicò di aver avvistato un convoglio composto da parecchi mezzi da sbarco, fortemente scortato da unità navali ed aeree, che da Malta faceva rotta verso la punta meridionale della Sicilia.

La prima invasione dell'Europa era cominciata.

▲ Decine di carri M4 Sherman dell'esercito americano attendono di salire sugli LST nel porto di La Pêcherie, in Tunisia, due giorni prima dell'inizio dell'operazione "Husky", ovvero lo sbarco in Sicilia del 10 luglio 1943.

Documento n. 11

## SUPERMARINA

*SEGRETO*                                                                                                                                       19 Luglio 1943-XXI

SINTESI DEGLI APPREZZAMENTI RELATIVI ALL'AZIONE NEMICA CONTRO LA SICILIA

**Apprezzamenti preliminari**

Dai "Notiziari della guerra navale"

*1° luglio*: … in sintesi si apprezza che allo stato attuale lo schieramento dei mezzi da sbarco nemici sia rivolto prevalentemente contro la Sicilia e sia tale da consentire l'attacco in qualsiasi momento.

*4 luglio*: … non si hanno nuovi elementi, degni di nota, circa lo schieramento dei mezzi da sbarco, per cui è sempre valido l'apprezzamento dei giorni scorsi.

*6 luglio*: … la persistenza di nuvole basse sui porti nemici non [ha] consentito negli ultimi giorni di raccogliere nuovi elementi circa lo schieramento di mezzi nemici. Solo da una fotografia eseguita su Biserta alle 180005 è risultata praticamente invariata la situazione dei mezzi da sbarco rispetto a quella rilevata il 29 giugno, però è stato osservato che la gran parte dei mezzi da sbarco era carica o sotto carico. In definitiva, quindi, in mancanza di più complete notizie e visto il trasferimento verso levante delle forze navali pesanti, è sempre valido l'apprezzamento dei giorni scorsi: cioè si ritiene che, dato lo schieramento nemico, un'operazione d'attacco alla Sicilia possa essere tentata in qualsiasi momento.

*7 luglio*: … dal complesso degli scarsi elementi a disposizione, e tenuto presente la decisa azione aerea recentemente intrapresa dal nemico contro gli aeroporti della Sicilia e contro i porti della zona occidentale e meridionale della stessa isola, si ritiene che il nemico abbia *già iniziato* un ciclo operativo contro la Sicilia. Non è possibile valutare quanto potrà durare l'attuale fase preparatoria, ma si osserva che lo schieramento nemico è tale da consentirgli di passare all'azione in qualunque momento.

*8 luglio*: … circa gli avvistamenti e segnalazioni di unità nemiche in zona Licata – Gela nella notte scorsa si osserva che … la suddetta zona sarà una di quelle prescelte dal nemico per un tentativo di sbarco.

*9 luglio*: ... nessuna nuova ricognizione sui porti nemici né elementi di rilievo, salvo l'avvistamento di un convoglio di 70 - 90 unità alle 032009, a sud di Pantelleria, rotta levante. Dovrebbe trattarsi di un nucleo di sbarco diretto a Malta e proveniente quasi certamente da Biserta. Se l'avvistamento risultasse confermato dovrebbe essere interpretato come un ulteriore rafforzamento delle forze da sbarco destinate ad agire da Malta e costituirebbe una indicazione di minaccia alla zona di Licata – Siracusa.

## Avvistamenti preliminari.

- Nel pomeriggio del giorno 8 il II CAT tramite l'esito di una ricognizione a vista su Biserta, dalla quale risultava che il porto si era praticamente vuotato. Ciò sarebbe stata una notevole indicazione a favore dell'imminenza dell'attacco, ma – chiestane conferma – O.B.S. precisò che la ricognizione era assolutamente inattendibile.

- Nessun avvistamento di movimenti di convogli nemici diretti verso Malta, salvo quello suindicato delle 032009, che fu ritenuto abbisognasse di conferma, pervenne a Supermarina fino alla sera del 9.

## Notizie, apprezzamenti e disposizioni al momento dell'azione.

ore 18.25 – Maricolleg Frascati comunica esito di ricognizione su Biserta nel pomeriggio, dalla quale il porto appare quasi vuotato. Si chiede conferma se la ricognizione è completa e attendibile.

ore 18.35 – Superaereo comunica che aereo CAT ha avvistato alle 16.30 cinque gruppi di unità e mezzi da sbarco sulle coste nord di Malta con rotta tra NE e NW.

ore 19.15 – Maricolleg Frascati conferma il suindicato avvistamento.

ore 19.30 – Supermarina dispone uscita di motosiluranti tedesche (quelle italiane non potranno uscire da Trapani causa tempo avverso) da Porto Empedocle verso Augusta. (Le MS saranno poi costrette a ripiegare verso ponente, al largo di Licata, causa violenta reazione nemica).

ore 19.40 – Maricolleg Frascati comunica notizie sulle azioni aeree della giornata contro gli aeroporti della Sicilia, la distruzione del Comando tattico del II CAT e relativa interruzione di comunicazioni.

ore 21.30 – Maricolleg Frascati comunica che alle 1935 è stato avvistato 33 mg. Da Gozo un convoglio di 40 mezzi da sbarco rotta 350°, scortato tra l'altro da 4 probabili corazzate e 3 incrociatori, seguito da altro di circa 45 unità e da 3 probabili portaerei.

ore 22.25 – Maricolleg comunica avvistamento di 18 probabili mezzi da sbarco, alle 19.20 a 24 mg. per 50° da Pantelleria, rotta imprecisata. E, alle 18.10, a 109 mg. per 120° da Malta, 2 corazzate – una portaerei – 4 incrociatori – rotta 290°.

ore 22.30 – Maricolleg comunica avvistamento di circa 15 – 20 unità imprecisate 30 mg. A nord di Gozo, rotta nord.

ore 22.40 – Supermarina ordina l'uscita immediata di 6 Sommergibili per gli agguati previsti dalla Dina 12.

ore 22.55 – Messina comunica informazioni da Catania secondo la quale Siracusa sarebbe in azione antinave.

ore 23.04 – Maricolleg comunica che alle 22.10 sono state avvistate 20 unità navali con scorta aerea, circa 15 mg. A sud di Capo Passero.

ore 23.20 – Maricolleg comunica che, secondo II CAT, Siracusa è bombardata dal mare.

ore 23.57 – Maricolleg comunica che aereo CAT alle 19.27 ha avvistato 26 mg. Per 210° dalla Galite un convoglio di 21 piroscafi, 2 incrociatori, rotta est.

## 10 LUGLIO

ore 00.05 – Maricolleg comunica che alle 23.50 sono stati lanciati paracadutisti in zona Comiso.

ore 00.25 – Supermarina conferma a LITTORIO per FNB [Forze Navali da Battagli], di tenersi pronti all'accensione.

ore 00.36 – Maricolleg comunica che un convoglio nemico è a 17 mg. Per 220° da Licata rotta 340°.

ore 00.50 – Marina Messina comunica che a Capo Passero si combatte a terra.

ore 00.53 – Maricolleg comunica che alle 24.00 è avvenuto lancio di paracadutisti a S. Pietro.

ore 01.25 – Marina Messina comunica che il C.FF.AA [Comando Forze Aeree]. della Sicilia alle 01.00 ha dato lo stato di emergenza e l'ordine di distruggere i porti di Licata e Porto Empedocle.

# BIBLIOGRAFIA

PUBBLICAZIONI ESSENZIALI

*Crowdy, Terry, Deceiving Hitler: Double-Cross and Deception in World War II., Oxford, 2008, p. 195.*

Deakin Frederick W., *Storia della Repubblica di Salò*, (traduzione di Renzo De Felice), Enaudi, Torino, 1963.

Eisenhower David Dwight, *Crociata in Europa* (dall'inglese *Crusade in Europe*), Arnoldo Mondadori, Milano, 1949

*Kriegstagebuch der Seekriegsleitung/Operationsabteilung*, parte A [KTB 1.Skl, A], Berlin-Bonn-Herford, Mittler & Sohn, 1988.

Liddell Hart B.H., *Storia Miliare della seconda Guerra mondiale* (dall'inglese *History of the Second World War*), Mondadori, Milano, 1970

Liddell Hart B.H, *Storia di una sconfitta. Parlano i generali del III Reich*, Rizzoli, Milano, 1973 (3ª edizione)

Macintyre Ben, *Operation Mincemeat, The Nazis and Assured an Allied Victory*, Harmony Books, New York, 2010.

Mattesini Francesco, *La partecipazione tedesca alla Guerra aeronavale nel Mediterraneo (1940-1945)"* (coautore per la parte politica Alberto Santoni), Edizioni dell'Ateneo & Bizzarri, Roma, 1980 ( 2ª Edizione, Alberelli, Parma, 2005).

Mattesini Francesco (Cermelli Mario per correzione delle bozze), *Le direttive tecnico-operative di Superaereo*; Volume Secondo II Tomo, *Gennaio 1943 - Settembre 1943*, Stato Maggiore dell'Aeronautica Ufficio Storico, Roma, 1992.

Mattesini Francesco , *La Marina e l'8 settembre"*, I Tomo, "Le ultime operazioni offensive della Regia Marina e il dramma della Forza Navale da Battaglia"; Ufficio Storico della Marina Militare, Roma, 2002.

Mattesini Francesco, *L'uomo che non è mai esistito*. In riferimento al film "L'uomo che non è mai esistito". L'operazione "Mincemeat" che non trasse in ingannò i Comandi dell'Asse in Italia, Roma, novembre 2021, nella pagina dell'Autore del sito academia edu.

Molony C.J.C & Flynt F.C. - Davies H.L. – Gleave T.P., *The Mediterranean and Middle East*, Volume V, HMSO, London, 1978.

Montegu Ewen, *The Man Who Never Was* (*L'uomo che non è mai esistito*), London Bloomsbury, 1953.

Mussolini Benito, *Storia di un anno. Il tempo del bastone e della Carota*, Mondadori, 1944-XXIII, p. 41-42.

Roskill S.W., "History of the Second World War United Kingdom Military Serie", *The Mediterranean and Middle East, The Campaign in Sicily and The Campaign in Italy 3rd September 1943 to 31st March 1944*, Volume III, Parte I, HMSO, London. Santoni Alberto *Le operazioni in Sicilia e in Calabria*, Stato Maggiore Esercito Ufficio Storico, Roma, 1989.

Salewski M., *Die deutsche Seekriegsleitung, 1935-1945*, Volume 111: DenkscIniften and Lagebtrachtungen 19, 38 – 1944, Bernard & Graefe, Frankfurt am Mein, 1973

Samuel Eliot Morison, *History of United States Naval Operations in World War II, Sicily – Salerno – Anzio, January 1943 – June 1944*, Castle Books, 2001.

Shepperd G.A., *La campagna d'Italia 1943-1945* (*The Italian Campaign 1943-1945*), Garzanti, Milano, 1970.

Smith Denis, *Deathly Deception*, Oxford University Press, 2010.

Von Senger und Etterlin Frido, (*Krieg in Europa*), *Combattere senza paura e senza speranza*. Longanesi, Milano, 1968.

WIKIPEDIA, *Operation Mincemeat*.

# TITOLI GIÀ PUBBLICATI - TITLES ALREADY PUBLISHING

www.ingramcontent.com/pod-product-compliance
Lightning Source LLC
LaVergne TN
LVHW070527070526
838199LV00073B/6718